TRANSFORMA AL NIÑO EN UN
ADULTO PLENO

LAS 7 CLAVES PARA CREAR PERSONAS PODEROSAS

Un libro de

Mariela Lindarte

Este es un libro inteligente

TRANSFORMA AL NIÑO EN UN
ADULTO PLENO

Un libro de

Mariela Lindarte

Primera Edición
2022

Titulo Original: **TRANSFORMA AL NIÑO EN UN ADULTO PLENO**: *Las 7 claves para crear personas poderosas*

1ª Edición, octubre de 2022

Enlace de Contacto con la autora:

http://store.kingseller.org/mariela-lindarte

España
2022

RECUERDA

"Todos llevamos un genio dentro. Jamás lo olvides. Thomas Édison, era un niño con deficiencia mental y fue su madre quien lo hizo creer y creo un ser inigualable"

DEDICATORIA

Dedico esta obra literaria primeramente a DIOS. A mi Creador perfecto por permitirme tener el don de la vida, salud y mi profundo amor en realizar uno de mis grandes propósitos para apoyar y buscar herramientas valiosas, que permiten un enfoque estratégico a padres/familia...

A Docentes / profesores/guías/ maestros por ser seres extraordinarios con la valiosa misión de FORMAR en el desarrollo aprendizaje y crecimiento del niño/ adolescente.

A niños /adolescentes, cada uno es un ser maravilloso con el compromiso de vivir en plenitud y armonía, recordando que ellos nacen cada uno con un don y un legado... niños para amar y ser amados.

Dedico este libro a todos los niños/ adolescentes de la humanidad, donde mi mayor deseo es que cada niño visualice y experimente el poder de las palabras y de manera consciente puedan transformar sus vidas viviendo en completa felicidad... a todos en compañía de padres y maestros y cada uno de mis lectores que hacen posible una verdadera transformación a in adulto pleno.

Mariela Lindarte

CONTENIDO

LO QUE ESTE LIBRO
PUEDE HACER POR TI

Con este libro ayudo a padres, docentes y maestros con la valiosa misión de FORMAR en el desarrollo, aprendizaje y crecimiento de los niños y adolescentes para que estos puedan visualizar y experimentar el poder de las palabras, para que así de manera consciente puedan transformar sus vidas viviendo en completa felicidad sin necesidad de terapias psicológica, emocionales o grandes sacrificios más adelante en su vida como adulto.

Las experiencias narradas por la autora, son una fórmula para comprender y ayudar a niños, niñas y jóvenes en adultos plenos y exitosos.

Te invito a que adquieras este texto y fortalezcas tu corazón para hacer de los niños de tu entorno seres grandes y dignos de ser felices.

INTRODUCCIÓN

Recientemente he visto noticias de la polémica que se habla en las instituciones sobre el acoso escolar o el llamado *bullying* y la necesidad de generar estrategias más eficaces en la defensa de los profesores, maestros, guías, educadores y un contexto escolar en general.

Así mismo la influencia que seguramente los profesores, educadores ejercen sobre cada alumno juega un papel fundamental en su rendimiento y sobre todo esas consecuencias que seguramente alejan el éxito de sus alumnos.

No obstante, en muchos casos cada niño/adolescente queda condicionado por las expectativas de cada profesor, maestro, guía, deposita en ellos, asimismo ocurre con los padres de familia y las expectativas que tienen con sus hijos y sus hijos de ellos. Desafortunadamente actualmente nos vemos frente a cambios sociales que han generado una preocupación global.

Es importante que los niños sientan el hogar como su refugio, su centro y lugar espléndido para crecer y fortalecerse, dado que cada niño o adolescente necesita constantemente observar a sus padres y a sus guías como sus HÉROES, debido a que ellos absorben los estímulos externos como "esponjas" copian patrones de conducta y codifican palabras y pensamientos que viven diariamente.

En tal sentido esos patrones emocionales por la forma comunicativa en que los padres interactúan y se perciben mutuamente.

En los últimos meses esta polémica global ha exigido nuevas estrategias en diferentes países del mundo y en cada institución de cada localidad cada vez es más viral las consecuencias que el acoso escolar mejor conocido *bullying* el cual puede generar incluso daños psicológicos a sus víctimas, en el caso más extremo el suicidio del niño acosado o en su efecto episodios múltiples.

Sin embargo y aquí me centro para reflexionar en lo que hemos venido escuchando y recientemente se ha viralizado en la sociedad....

¿Por qué cada vez existen más traumas y confusiones psicológicas en los niños y adolescentes?

En este libro quiero enfatizar sobre las consecuencias psicológicas y físicas de estas traumas y confusiones psicológicas además de la importancia de saber enfrentar con verdaderas estrategias en función del acompañamiento a las víctimas y hacer parte de la transformación del niño o joven en un adulto pleno....

Aunque los avances a través del tiempo nos han permitido integrar a una sociedad conjunta.... favoreciendo esta noticia que se habla en diferentes noticias y escenarios a los que desafortunadamente han tenido que enfrentar.

Una sociedad altamente preocupada por los niños y adolescentes reconoce la necesidad que tenemos en poder intervenir cada vez más eficazmente en la defensa de todos los derechos de estos, así mismo de favorecer la integridad de cada integrante dentro de un contexto escolar y familiar.

¡Cada lector experimenta en sus capítulos la importancia de usar buenas palabras con los niños!, así mismo aprenderá el poder de los pensamientos y emociones cuando le damos una fuerza limitante.

También aprenderá a fortalecer las emociones y sentimientos de los niños con base al amor respeto y comunicación que se deban tener en las relaciones familiares y escolares.

Algunos de los beneficios obtenidos por la lectura de esta extraordinaria experiencia totalmente enriquecida con herramientas, hábitos, decretos, ejercicios imaginativos, elevados a la acción consciente del pensamiento... para que sin duda alguna transforme a un niño en *adulto pleno y feliz* seguro de sí mismo.

Seguidamente en todos los capítulos e irá experimentando esa esencia del ser.... recordando la niñez, en cada capítulo se motiva a cada lector a valorar su origen desde su infancia y estimulando los patrones vividos en el pasado…. transformando a ese niño interior que lleva cada adulto, cada lector.

Mi profundo agradecimiento contigo por darte la

oportunidad de aprender con este libro, me genera una gran emoción por qué aquí plasmo mis estudios, mi gran placer al escribir y el éxito que lograrás con este libro es porque conozco muy bien el ***PODER DE LAS PALABRAS***....

Estoy convencida de que podemos transformar el mundo desde el comienzo de las vidas de cada niño, desde su nacimiento, en su temprana edad.... induciéndolos a experimentar el poder de cada palabra, fortaleciendo aún más la autoestima de cada mini-adolescente.

Ayudar a expresar y conocer las emociones para organizar sus pensamientos y sentimientos.... Estoy segura que motivando a los niños y adolescentes a que aprendan a persistir cada día, en cada experiencia de su desarrollo emocional, a que conozca sus debilidades y fortalezas a través de las palabras que giran en torno a cada niño.

Por este motivo me complace dejar mi experiencia y mi amor plasmado en estas enseñanzas que ya están dadas, solo nos queda el compromiso de fortalecer nuestra mente humana, hoy es mi deseo de ayudarte o regalarte mis métodos y estrategias para que fortalezcas ese contexto y lenguaje comunicativo de manera eficaz y exitosa.

CAPÍTULO I

"EL INICIO DE TODO: UN CAMBIO EN LA MIRADA"

EL INICIO DE TODO: UN CAMBIO EN LA MIRADA

El fenómeno del llamado acoso escolar / bullying con lo que se conoce en diferentes escenarios escolares y dando origen a manifestaciones de violencia sin duda alguna han atraído diversas consecuencias en todos los ámbitos que se extienden en el contexto familiar y o social.

El inicio de todo, se centra cuando en el siglo XX **DAN OLEAS,** psicólogo de la Universidad Bergen (Noruega), quien lleva años estudiando el fenómeno del bullying o acoso escolar, se pronuncia al respecto sobre dicha temática.

El bullying, determinado por el comportamiento de los niños y adolescentes, establece socialmente por qué son violentados continuamente por otros con diferencias de personalidades, ya sea por su fortaleza física o por su condición social o familiar.

A partir de los estudios e investigaciones en los años 70, sobre los avances del suicidio de algunos adolescentes, se encontró que algunos de ellos eran víctimas de agresiones físicas y emocionales por parte de los compañeros dentro de un contexto escolar.

Así mismo, el bullying viene del vocablo inglés **BULL** que significa **TORO**. Actitud de actuar como un toro en el sentido de pasar sobre otros sin contemplaciones.

En este caso, el público crea un desequilibrio y una conducta de poder cuando un grupo de individuos tienen altos niveles de estrés o patrones negativos o agresivo sobre alguien que no se pueda defender de dicha agresión.

Estas agresiones pueden ser verbal o física. Ahora bien, las evidencias aportadas por diversas investigaciones se han dado a la tarea de combinar fuerza física o debilidad; en el caso de los chicos son importantes para el desarrollo de cada niño y/o adolescente.

Llama la atención como el bullying/acoso escolar, puede tener a un grupo de individuos uno más dominante que el otro, caracterizándose por un proceso más o menos prolongado.

No obstante, muchas víctimas de este fenómeno se sienten en desventaja y muchas veces en estado de depresión, ya que en ocasiones no pueden expresar sus sentimientos debido a diferentes factores.

Dentro de estos factores pueden existir bien sea en el ámbito de la familia, donde su entorno puede estar afectado por situaciones económicas, separación familiar o así mismo, por situaciones poco agradables dentro del núcleo familiar entre otros.

De igual manera, en el contexto escolar es

probable que se sigan vivenciando en algunos lugares un ambiente hostil de los más fuertes hacia sus compañeros menos empoderados.

Frente a ello, se determinará y abordará en los siguientes capítulos dicha temática dado que quiero puntualizar a mis lectores que este no es un libro que se hable meramente del bullying o el acoso escolar.

Es fácil encontrar información de esta problemática tratada, pero la manera en que es abordada en este texto de crecimiento, es totalmente diferente y muy asertiva.

Ahora bien, el término o la palabra bullying de acuerdo a estudios y lecturas que he realizado del mapa de la conciencia del doctor **David Hawkins y en el cual tomo diversos conceptos y connotaciones son trascendentales para estructurar el gran mensaje de esta obra.**

¿Pero quién es el doctor David Hawkins?

(1927-2012).

El doctor, Hawkins, es doctor en Medicina y Filosofía, fue director del Instituto para la Investigación Espiritual, y Fundador del Camino de la Devoción a la No-Dualidad. Es un reconocido investigador pionero en el campo de la conciencia, así como prolífico autor, conferencia, psiquiatra y científico. El doctor David Hawkins presentó en su libro "*El poder contra la fuerza*"

2012 una serie de descubrimiento en la que se conoce la escala de la conciencia un gráfico que va del 1 al 1000 donde representa los niveles de vibración interna y de evolución de conciencia que un ser humano puede conquistar en esta escala. El autor menciona el concepto de Dios en uno de sus pilares, lo puedes reemplazar por el que a ti te parezca o prefieras visión o perspectiva expandida superior o trascendental.

En el nivel que expresa la escala donde se aprecia los niveles inferiores (175 para abajo) se habla de una

fuerza dominante de sentimientos de controlar, poseer con expresiones limitantes como la vergüenza, la venganza, exigencia el orgullo, desprecio, culpa, remordimientos.

Mientras que en los niveles superiores (que van de 200 hacia arriba) si aprecia el poder potencial de los comportamientos del desafío constructor de logros, y expresiones positivas, la satisfacción, la sabiduría, neutralidad, la confianza revelación y transcendencia.

Dicha escala demostrada por el doctor David Hawkins siendo de ayuda y de gran utilidad para que usted lector comprenda a partir de ciertos patrones y comportamientos del niño/ adolescente, asimismo el por qué y para qué actuamos de la forma que lo hacemos.

Nuestra sociedad se debe tomar conciencia de la importancia de incluir los verdaderos sentimientos a los nuevos miembros de la familia.

Por ello, se debe evitar que estos comportamientos se conviertan en un elemento estructural de las relaciones familiares o escolares puesto que la agresividad siendo el bullying/acoso escolar en los niños/ adolescentes, un problema que afecta en una sociedad determinada, llegando a propiciar o ser autores agresivos y agresores.

Tal es el caso e investigaciones y no muy lejos en nuestros hogares, del comportamiento bien sea agresivo o no siendo tu caso se aprende durante los primeros años de vida.

Pero la agresividad se forma a través de mensajes tangibles y simbólicos que sistemáticamente llegan de padres o familiares del medio social.

Tomando referencia de la teoría del aprendizaje social propuesta por Bandura (1977) la conducta agresiva se adquiere por condiciones de modelamiento y por experiencias directas. Resultando de los efectos positivos y negativos que producen las acciones por las cogniciones sobre ellos.

Pero bien si profundizamos mucho más sobre el porqué de la conducta agresiva de un niño según Freud (1927) la conducta agresiva puede adquirirse por la observación y la imitación de modelos agresivos y no requiere forzamiento la existencia de un estado de frustración previa o pulsión agresiva de tipo innato, ni tampoco de estímulos específicos desencadenantes de dicha conducta, sino que son procesos de aprendizajes.

Ahora bien, vamos comprendiendo un poco de acuerdo análisis e investigaciones sobre conductas o patrones adquiridos por medio de aprendizaje esto quiere decir mi apreciado lector que realmente esto no sería el verdadero inicio del por qué se adoptan diferentes conductas en el comportamiento del ser humano.

Como ya lo he mencionado, esto no es un libro de psicología o cualquier otro libro sobre conceptos o definiciones del bullying/acoso escolar o de conductas, mi verdadera intención es abrir nuestros corazones e ir más allá de manera consciente del poder que tiene la palabra en los pensamientos, los sentimientos y las emociones que nos lleva sin duda alguna a determinar patrones innatos.

Conocer la importancia de que muchas veces, repetimos diariamente sin evaluar el verdadero significado de las palabras, pero bien, ¿Qué quiero decir con todo esto? Y ¿A que me refiero con la palabra bullying?

Comenzando la palabra bullying lo sacaron del vocablo inglés que significa TORO y que representa esta figura, o ¿Cómo es la actitud que posee dicho animal?

Nos podríamos imaginar por un instante esa figura y esas conductas agresivas que tiene el toro siempre y cuando se vea afectado respondería de tal manera… pensemos unos minutos en esa figura y la palabra que le henos dado ese poder y me refiero bullying crees justo darle esa comparación del bullying a los niños/adolescentes.

En este caso y a mi parecer pienso que sin duda alguna es la mente o mejor dicho "visualización" pero ¿Por qué lo menciono? Pues bien, tengo un niño de 11, años cuando se estrenó la película de **Olé el viaje de ferina** una película con un gran aprendizaje que nos deja sentimientos de amor y perseverancia.

En esta película mi hijo y yo pudimos disfrutar y puntualizar como desde un primer inicio de vida del Toro el amor la dedicación la pasión transforma el comportamiento y las conductas de cualquier ser humano.

Es importante que en nuestra sociedad tomemos conciencia de lo que nuestros oídos escuchan muchas veces de las Telenoticias, de la prensa, de la sociedad, pero solo depende de la manera como lo vemos o lo interpretemos y de la realidad que vivimos en cada hogar y en cada contexto.

Expreso en estas líneas de mi primer libro de muchos de los que dedicaré para ayudar a otros a enfocarse y ver realidades transformando nuestras vidas y sin ir muy lejos nuestro Creador Dios o como tú lo quieras llamar o sentir en tu corazón.

Es así que nos motiva para comprender el inicio de todo que estamos llamados para amar para crear y evolucionar en abundancia de espiritualidad a esto quiero decir vivir en armonía y completa felicidad.

He dedicado varios años estudiando y aprendiendo de la Palabra de Dios universo guía o como tú así lo sientas en tu corazón profundizando los valores comportamientos centrándome en la verdad y el porqué de mucho de nuestras conductas y acciones y sin duda alguna la voluntad de nuestro Creador es siempre el bien para nosotros.

UN LLAMADO A LA CONCIENCIA.

Ya hemos puntualizado el origen del significado de la palabra bullying/acoso escolar, de los sentimientos como afectan la conducta de un niño /adolescente pero ahora hago un énfasis en el contexto fundamental alrededor del niño y adolescente comenzaremos con la familia...

La madre lo cual podemos observar en muchos casos a madre solteras por diferentes razones; bien divorciadas, viudas o simplemente toman la decisión de criar a sus hijos sola esto las lleva a vivir de acuerdo a la situación y se ven también afectadas a patrones de comportamientos que fijan y adquieren incluso innatas debemos hacer énfasis de toda ayuda posible para desde un primer plano tener conciencia de traer a la luz de la vida a un ser humano con capacidades extraordinarias cuando una madre tiene claro el amor de Dios, universo, guía como tú lo quieras llamar ya automáticamente hay una transformación antes del nacimiento de un niño.

Pero comprendo a esas madres que no piden serlo y se ven afectadas por una violación hasta llegar al rechazo lo cual conlleva de manera inconsciente percibir esos sentimientos muchas veces negativos lo cual el niño se ve afectado y quedando grabados en el subconsciente del desarrollo cognitivo y sin duda que adquieren una serie de conductas en un nivel inferior de 200 (ver escala del doctor David, página 25).

Debemos profundizar todas las enseñanzas pilares y fundamentales para recibir con profundo amor a un niño que sin duda puede ser un excelente científico o seguramente médico o en todo caso presidente reina de belleza o tal vez un maestro un arquitecto o mejor y lo más valioso un excelente ser humano niños con visión y misión transformadora para que siendo adulto crezca con gran seguridad y confianza a la vida que se le presente en su camino ahora bien el rol del Padre figura muy importante al momento de recibir al hijo y con la fortaleza pero espiritual dará esa magia complemento en el rol de su crecimiento.

Debemos comprender el papel fundamental de dar amor, estímulos, empatía. "guarda tu corazón con toda diligencia porque de él mana la vida aparta de ti la perversidad de la boca y aleja de ti la iniquidad de los labios miren tus ojos al frente y diríjanse tus párpados hacia lo que está delante de ti" **Proverbios 4: 23; 25.**

Esto quiere decir que el ser humano debe guardar sus atributos de amor cuidando cada detalle y buscando el verdadero significado de la vida por ello cuando nosotros como padres decidimos dar vida a otro ser humano es tomando conciencia del rol más importante de nuestras vidas en capítulos más adelante profundizaré de la importancia de la "visualización" en nuestros hijos así mismo herramientas metas objetivos claves para disminuir conductas y comportamientos en el contexto familiar y escolar.

LA ESENCIA DE TU SER...

PENSAMIENTOS POSITIVOS CAMBIA EL ORIGEN.

Tu mente y tu origen de forma consciente, atrae sin duda algunos pensamientos positivos siempre y cuando determines y profundice tu esencia de tu ser.

Tu mente, es muy valiosa con poderes extraordinarios pero solos cuando aprendes a utilizarla con el verdadero equilibrio de las emociones.

Entender que tenemos dos niveles en la mente humana. un nivel consciente y racional y otro nivel subconsciente o irracional.

Desarrollamos pensamientos con la mente consciente y cualquier cosa que pensamos con frecuencia sucederá. Y es allí donde la mente subconsciente inicia un proceso de creación es decir su ACCIÓN.

Esa esencia viva de tu ser que emiten esos pensamientos conscientes, en la mente subconscientes es donde radican las EMOCIONES a esto le llamo la esencia creativa de tu mente.

He leído y realizados estudios e investigado y comprendiendo un poco más para desarrollar las estrategias más significativas y contribuir ayudando en el proceso de desarrollo y educativo de todo niño/ adolescente, así mismo conocer un poco más del origen sobre el por qué han surgido cambios significativos en las conductas del niño/ adolescente. Por qué cada vez se hace viral las conductas establecidas sobre el acoso escolar/bullying.

Quienes han profundizado y siguiendo estudios, patrones ya establecidos, psicólogos y psiquiatras, científicos han determinado que en la mente subconsciente es donde radican las EMOCIONES. es la parte creativa de la mente. Ejemplo.

Si tienes buenos pensamientos y buenos hábitos cada día, te evalúas con nuevos propósitos y estrategias en función de tu propio bien con la magia de la gratitud. Créeme buenas acciones tendrás una vez que el subconsciente acepta una idea prepárate

Ya inicia tu mejor proyecto de vida o mejor dicho tu verdadera esencia.

Por tanto.

Es importante atraer a tu vida pensamientos firmes, constantes, pensamientos que emitan alegría, no obstante, si bien es cierto el poder de la mente es tan poderoso que tú decides que pensamientos almacena en tu mente subconsciente, también es fundamental saber equilibrar las emociones, reconociendo cada sentimiento lo cual en este libro se explica y se realizan estrategias, herramientas, decretos asombrosos y sutil para determinar cómo recibe el subconsciente dichas ideas... recuerda que cuando se incorpora pensamientos de manera negativa a tu mente humana como por ejemplo.

Hoy me siento agotado, y ojo. pudiste haber tenido una noche que te hayas mantenido despierto, y no hayas tenido una noche placentera. Pero para esto está el valioso autoanálisis y buscar el por qué pasaste una noche sin dormir o poco placentero y desvelador.

O por ejemplo te levantaste con poco interés en tus labores para ir a trabajar. Y de forma negativa comienza a tener pensamientos que te cuestionan, y créeme, es la causa principal del auto sabotaje y futuros fracasos en los estados emocionales y frustración y la infelicidad.

Sin embargo, tus pensamientos habituales son armoniosos y constructivos si cada día te comprometes con tu familia, instituciones. Es un sello. Estará siendo dueño de tu verdadera esencia y atrayendo la salud la paz y la felicidad. Simplemente tú das la orden o el decreto y tú subconsciente reproducirá fielmente la idea impresa sobre él piensa.

Así funciona y es como trabaja tu cerebro. La

reacción o la respuesta obtenida de tu mente subconsciente estarán determinadas por las viejas creencias y nuevas creencias que ya has codificado.

Los psicólogos y psiquiatras señalan que cuando los pensamientos son traspasados a la mente subconsciente; se fijan y se codifican quedando grabados como impresiones en las células del cerebro. Con el mismo momento que reciben la idea determina y procederá a efectuarla a esto le llamo **ACCIÓN.** Esto pensamientos fijados, el subconsciente utiliza cada señal emitida, cada sentimiento de conocimiento que te haya transmitido. En capítulos posteriores daré herramientas y ejercicios prácticos para identificar mucho más la esencia que tenemos cada uno.

Comprender que el consciente y el subconsciente no son dos mentes, son simplemente dos esferas de actividad.

Te imaginas tu cerebro, visualiza y puntualiza esto que estamos comprendiendo.

De una sola parte de la esfera tu mente consciente que es la mente del razonamiento la mente que elige, es tu decisión elegir un estado emocional de sentimientos felices, de éxito de iluminación, o de lo contrario fracaso, depresión, tristeza, si tomas todas las decisiones con tu mente consciente lograrás tener:

- ✓ *Familia feliz.*
- ✓ *El éxito de la vida laboral.*
- ✓ *Sentirse pleno.*
- ✓ *Éxito económico.*
- ✓ *Sentir felicidad por tus alumnos y el ambiente escolar.*

¡Mi apreciado lector en lo particular! Me llevó años comprender el valioso poder que tenemos en nuestras manos, y es el poder que tiene la mente, el poder de las palabras y como define nuestra verdadera esencia. Lograr entender que la mente subconsciente acepta lo que se le ordena y se le imprima en el, lo que creas de forma consciente realmente no razona las estrategias o cosas igual que lo hace tú consciente. y no tiene la capacidad de argumentar de forma controvertida.

¿Pero qué significa esto?

Entendamos esto, tu mente subconsciente es como tierra fuerte que admite cualquier tipo de semilla buena o no tan buena.

EL PODER DE LAS PALABRAS DESDE EL INICIO DEL ADULTO.

A menudo nos cuestionamos y seguidamente emitimos juicios que condenan o edifican, en lugar de tratar de emitir juicios en muchos de los casos son pensamientos limitantes. Debemos aprender primero cambiar a nosotros mismos y segundo sentirnos emocionalmente consientes que somos creadores y artistas de nuestras vidas...

¡Vamos a cambiar el mundo! Pero, ¿Que es el mundo? El mundo SOMOS nosotros mismos, la humanidad entera.... seres extraordinarios grandes líderes en nuestro planeta Tierra.

Organizaciones capaces de desarrollar grandes investigaciones y aportes a la humanidad, impresionantes científicos como Li Wenhui, profesor de la Universidad de Tsinghua quien ganó el premio en ciencias de la vida por descubrir el receptor del virus de la hepatitis B y D, donde podría ayudar a desarrollar medicamentos más efectivos para tratar las enfermedades.

Asimismo, podemos citar a un gran reconocido conferencista internacional como lo es Joe Dispenza doctor, quiropráctico y escritor estadounidense, aportando impresionantes descubrimientos sobre la neurociencia, la epigénetica y la física cuántica.

Ahora bien, ¿Porque suceden eventos o situaciones negativas en nuestro mundo?

Nuestros niños y niñas aprenden sobre todo lo

que observan y escucha, tanto en las casas como en las escuelas/ instituciones educativas. arden con información continua que codifican desde temprana edad, palabras que son emitidas en muchos casos de manera inconsciente, errores aparentes o acciones de personas que modifican pensamientos y sentimientos.

Lastimosamente cada ser humano con gran rapidez lee los crímenes que suceden a diario y actos de violencia que generan y modifican esos pensamientos que se fijan en la mente subconsciente.... todos estos estados de ánimo y sentimientos y pensamientos se objetivan como realidades vivientes, además estos niños y niñas sufren por lo general de pesadillas y temores, diversos complejos emocionales como odio y depresión se convierten en esencia limitante negativa.

No obstante, de manera inconsciente en la mayoría de la humanidad se cuestiona su escucha sobre la información que se transmite en las instituciones, hogares y sociedad fijando en todo caso episodios, así mismo se imprime en la mente del Niño/ Adolescente.

Pensemos.... Un mundo donde recibamos información positiva y los padres enseñar desde la esencia de la verdad y del amor... del porqué fuimos creados, motivar cada escenario, incentivar al verdadero lenguaje y la comunicación armoniosa sin duda alguna ya estaremos dando una verdadera transformación y aporte a la verdad.

Recordemos que cada niño cumple fielmente la oración y todas las creencias dadas desde su nacimiento.

¿Cuál es el pensamiento ideal?

Si los padres contribuyen a pensamientos y acciones formadas en palabras maravillosas para sus niños se les dará constantemente a ellos una realidad esencial desde sus inicios de vida al cambiar las opiniones y creencias, así como ideas ideales el enseñar a nuestros niños y jóvenes quienes son en realidad.

Mostrándole el camino la verdad de este modo podemos contribuir al reino de los cielos en la tierra enseñar a nuestros niños los grandes logros que ha existido en la humanidad vamos practica pensamientos impresionantes cambiando día a día muchos de las viejas y falsas creencias no obstante así cambiar un pensamiento negativo posarás sobre ti un estado de sentimiento armónico equilibrado para generar y codificar nuevos pensamientos este poder de pensamientos te eleva a generar palabras poderosas que transforma automáticamente en el desarrollo del niño.

Con esta valiosa ilustración fijamos esos pensamientos en acción. Quedando codificada desde el nacimiento del niño en realidad se estará transformando a nuevas creencias que permitirá un desarrollo equilibrado y emocional del niño hasta llegar de manera segura y consciente a su vejez.

CAPÍTULO II

"CONTEXTO ESCOLAR"

AGRESION EN LAS ESCUELAS.

Antes que todo recordemos que el bullying/acoso escolar no es algo meramente nuevo este fenómeno ha estado sonando a través del tiempo y los años y según estudios e información a través del Internet y las noticias, se ha considerado los incidentes de acoso escolar ya en los años setenta, no obstante, en gran preocupación los que se consideran hoy en día.

Por tanto, se evalúa que ha ido en crecimiento, recordemos que la violencia escolar en un principio se pensaba en gran parte en actos vandálicos, luego como las rupturas de cristal o las pintadas en paredes y murales, sin embargo, los estudios actuales vienen a confirmar que la violencia escolar tiende hacia patrones de conducta mucho más graves relacionadas con violencia física en algunos casos de humillaciones y agresión, en casos más delicados de asesinatos múltiples.

La grave situación que se vive en el contexto escolar han hecho que las entidades y organizaciones evalúen los hechos y las conductas del niño/adolescente, así mismo estudios relacionados donde muestran que la agresividad surge cuando el individuo siente que la supervivencia está amenazada y por tanto actúa porque aseguran su vida de manera defensiva por tanto es importante considerar los aportes de la psicología del desarrollo y especialmente aquellos elementos que resultan centrales en las distintas etapas del ciclo de la vida del desarrollo cognitivo del niño/adolescente.

Según estudios en el marco histórico del bullying/acoso escolar se han descrito hasta ocho modalidades de acoso escolar.

➢ BLOQUEO SOCIAL.
➢ HOSTIGAMIENTO.
➢ MANIPULACION.
➢ COAXIONES.
➢ EXCLUSION SOCIAL.
➢ INTIMIDACION.
➢ AGRESIONES.
➢ AMENAZAS.

¡Pero alto!

Porque estas modalidades están presentes y actualmente se experimentan aún más estas situaciones en la conducta de un niño/ adolescente?

Pensemos por unos instantes ¿Qué sucedería si tu hijo presenta y es víctima de algunas de estas modalidades? O ¿En el caso que pueda ser el causante agresor mediante estas modalidades? Hagamos unos ejercicios en este momento….

Y pensemos también si por algún momento como padres vivimos un momento eventual de estas modalidades, puedes profundizar

¿Que sientes por cada modalidad?

¿Será posible aún mejor fortalecer cada una de ellas?

¿Cómo responderse a si mismo esto?

En los capítulos siguientes lo iremos abordando para profundizar el hecho más importante y es que no hay niños difíciles ni con ninguna de estas modalidades simplemente son niños/adolescentes con padres en prisa y una cadena de pensamientos que no han favorecido el proceso cognitivo del niño desde sus inicios de vida…

En una gran parte de personas no se aman a sí mismos no tienen amor propio ¿cómo es eso posible? y la respuesta es simple, ¿Cuáles eran los pensamientos en la mente de algunas personas? pues bien analicemos… se dice que durante los primeros siete años de vida se almacenan pensamientos codificados bien sean positivos o no tan positivos, dado que los psicólogos dicen que entre un 70% de las personas aproximadamente son negativas, redundantes, pesimistas se auto sabotean pero cómo llegaron a eso?

La razón principal es porque los padres actúan como entrenadores, pero ¿Cómo es eso de entrenador?

Bueno piensa en un equipo deportivo en donde un jugador no este rindiendo, no crece, no está poniendo esfuerzo y entonces el entrenador dice: "vamos no mereces estar en este equipo, quién te crees que eres no eres tan bueno". ¿Por qué el entrenador dice eso? ¿Para enojar el jugador? Esto no es así.

El jugador ahora está pensando "¡oh Dios mío tengo que actuar mejor, voy a trabajar más duro, voy a hacerlo mejor porque quiero demostrarle al entrenador que merezco estar en su equipo" entonces la conciencia del jugador entendió lo que quiso decir el entrenador.

Porque el entrenador dijo que no eres lo suficientemente bueno y la conciencia es una interpretación NO SOY LO SUFICIENTEMENTE BUENO, porque no me estoy desempeñando bien, entonces lo haré bien, pero eso es lo que pasa cuando un estudiante o quien sea que tenga conciencia de ello...

Pasa por ese momento, pero ¿Qué le ocurre a un niño antes de los siete años? bueno ahora visualicen a los padres y profesores maestros guías en una situación parecida y los niños no es tan desde sus inicios de vida en su desarrollo cognitivo no están conscientes de esos pensamientos ya tienen un piloto automático y están grabando si un padre actúa como ese tipo de entrenador que puede aprender el niño??

No eres lo suficientemente bueno no lo mereces quién te crees que eres no eres tan bueno en esto no eres amable esas son cosas que dicen los padres actuando como ese tipo de entrenadores porque las dijeron, porque querían ser el entrenador y decir vamos puedes hacerlo mejor presionarlos para que lo hagan cada vez mejor y esto solo funciona si el niño es lo suficientemente consciente para comprender el significado.

Si el niño es menor de 7 años entonces solo grabará en su mente las palabras que dices ¿Cuáles son las palabras grabadas en la mente de ese niño? No eres lo suficientemente bueno no lo mereces no eres amable no eres digno esos son los pensamientos esas palabras que diariamente en algunos casos el niño aprende y codifica en su mente y más allá en su mente subconsciente, pero ¿Qué pasaría si la mente reproduce esos pensamientos?

El 95% del tiempo o recuerdas cuál es la función de la mente o tomar el pensamiento para crear un comportamiento que sea coherente entre la vida resultante y esos pensamientos.

Recuerda que el pensamiento automático es no SOY SUFICIENTE, bueno no soy digno no lo merezco entonces adivina **¿Qué comportamiento va a surgir de la mente?** Pues bien analicemos esto, cualquier comportamiento que muestra a las personas externas el no soy lo suficientemente bueno digno o merecedor porque mi comportamiento será coherente con los pensamientos y es por eso que algunas personas familias y maestros no serán positivas cuando les preguntes si se aman a sí mismas porque los pensamientos fundamentales en la mente son demasiado autocríticos.

En una oportunidad que tuve en reunir a un grupo de padres y representantes donde yo impartía clases lancé esta pregunta.

A cada uno les pregunté...

¿Qué tanto te amas?

¿En qué te destacas más?

¿Cuál fue tu mejor momento de niño?

Para mi asombro fue encontrar a padres en muchos pensamientos buscando respuesta divagando cada interrogante.

¿Que pudo pasar?

Es por este sentido que coloque de ejemplo a este entrenador, así de sencillo y practico es una cadena de codificación que hemos venido atrayendo y transmitiendo a nuestro niño/adolescente.

El bullying/acoso escolar es un fenómeno general que se produce en todos los extractos sociales, y en todos los países del mundo es importante resaltar desde estos inicios el descubrimiento de los estudiantes sistemáticos que ya se produjeron en los años (1970) y (1982) en Noruega bajo la dirección de oleas hizo investigaciones y campañas sobre este fenómeno a raíz de 3 suicidios de adolescentes en este año.

Pero bien mi querido y apreciado lector como docente como madre de familia me he dado la tarea de investigar y profundizar por mis propios estudios e investigaciones que sin duda alguna aprovecho para resaltar en este libro la importancia de los pensamientos y cómo influye verdaderamente las palabras y los sentimientos en el desarrollo del niño/adolescente así mismo la transformación que debemos dar a nosotros mismo en todos los ámbitos y contexto social que vivimos en la humanidad.

No obstante, para obtener una buena relación y comunicación entre la familia y todo el contexto escolar debemos definir como antes lo he mencionado el origen de las agresiones dentro del contexto educativo o bien sea también familiar para esto enumeremos algunos de los principios y señales que pudiese alertarnos ante alguna situación que nuestros niños estén presentando o estén alterando la armonía entre los compañeros, enumeremos:

Si nuestros niños son víctimas pues bien estas son algunas de las señales que pueden manifestar:

1. Pérdida del apetito, cambios repentinos del humor, Ejemplo: si preguntas a tu hijo **"Hijo(a) ¿Podemos salir de compras?"**

   Y tu hijo responde de manera poco usual donde tu más que nadie debes conocer a tu hijo(a), y de este modo notar un cambio en sus respuestas y actitudes.

2. Excusas para no ir al colegio, ejemplo: Cuando le

preguntas **"Hijo(a) ¿Estás listo para ir al colegio?"**

No mamá/papa hoy no tengo deseo de ir al colegio en verdad no hay nada por hacer prefiero quedarme en casa.

3. Cuando vemos que en alguna parte de su cuerpo pudiesen presentar algún golpe o moretón inexplicable, aislamiento social, ejemplo:

Si observas poco interés para compartir con otros niños, además se cubre los brazos o piernas, usando prendas de vestir que usualmente no usaría.

4. Conductas agresivas, es importante observar si tu niño de manera repentina tiene alguna conducta agresiva ante la impotencia de no poder lograr algo, así como sus reacciones para con el grupo familiar y o con sus compañeros y amigos.

5. Sintiéndose también superior a otros, ejemplo: cuando le preguntas "Hijo(a) ¿Por qué ya no juegas con pedrito?

No mama es que él es pobre, me da pena que me vean con él.

Cuando tu hijo se siente muy superior a otras personas con tono prepotente y egoísta que no permite ni reconoce ningún logro de su entorno, aquí se nos presenta a niños con carencia de empatía y comunicación con los padres.

Pero bien hay que entender que no todos los niños son iguales por tanto tampoco serán iguales las señales que se puedan presentar con respecto al bullying/acoso escolar, es por esto que debemos estar muy atentos a cualquier cambio en el comportamiento de nuestros hijos y así poder detectar a tiempo cuando sufren alguna de estas de estas manifestaciones.

Identifica como es tu hijo, conoce bien a ese ser maravilloso, al cual debes apoyar y orientar en su labor brillante de vivir.

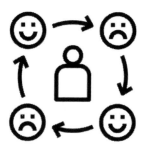

Hazle preguntas, pero siempre en función de escuchar todo lo que tiene por decirte, préstale atención, así sea un par de minutos al día, conversa con el (ella).

De lo que le ocurre durante el día, que actividades realizo en su día, como le fue en el colegio, que quiere para comer, que ve en la televisión, que juegos está jugando, con que amigos frecuenta jugar, con que personas habla en su día, tan solo es que le dediques un tiempo, porque él se lo merece y lo necesita, por ejemplo:

¿Cómo te fue en la clase del día de hoy?

¿Tu profesora dio actividades nuevas?

¿Qué asignaturas has estudiado hoy?

¿Qué juegas en tu celular, Tablet o consola?

¿Y tus amigos cómo están?

¿Quieres algo especial para comer?

¿Salimos a jugar afuera?

Siempre mantener una conversación armónica con nuestros hijos es primordial, la buena comunicación que podamos mantener con nuestros niños/adolescentes, nos acerca a ellos.

Esto también te ayudará a fomentar la autoestima de tu niño pues si eres una persona positiva, cariñosa, alegre, armoniosa, agradecido(a) ellos también lo serán en el futuro-

Evalúa tú actitud en este momento

¿Eres una persona que siempre se queja por todo lo que siempre tengas muchos quehaceres por hacer para no darse unos minutos con tu hijo?

¿Eres más positivo o negativo? ¿Tú trabajas te impide tener mejores momentos de comunicación con tu hijo?

Con respecto a las dificultades y a las adversidades todo esto lo percibe tu hijo no olvidemos que es como una esponja y que todo lo absorbe así que si quieres fomentar la autoestima de tu hijo lo primero que tenemos que hacer es velar por nuestra propia autoestima trabajar en ella gozar de una fuerte seguridad en uno mismo esto te ayudará a dar el ejemplo que tu hijo se merece piensa que todo lo que eres se lo transmitirás.

Los niños siempre copiarán actitudes, el carisma que damos, la sonrisa en las mañanas, formas de hablar y todo lo relacionado con respeto que le brindes a otras personas, ejemplo cómo actuamos cuando nos dirigimos al supermercado o cuando estacionados el coche,

No podemos esperar que nuestros hijos actúen de la mejor forma si nuestros comportamientos y el trato que le damos es diferente a lo que esperamos de ellos somos el modelo a seguir de los niños su principal guía y contacto directo con el mundo que les rodea.

En este sentido si queremos que nuestros pequeños obren bien sean felices y actúen de la manera correcta lo que debemos dar en primer paso para incentivar es padres amorosos, padres con una gran fortaleza padres agradecidos y amados y felices por tener a nuestros hijos.

El tiempo de calidad es clave en la disciplina y la crianza de los niños/ adolescentes

Continuamos...en este párrafo hablaré un poco de mi vida personal con mi hijo menor lo cual fue momentos maravillosos de aprendizaje y crecimiento que nos llevó a tener una mejor comunicación y fortalecimiento en nuestra relación entre madre e hijo.

23 de mayo de 2019 llegamos al país de Santiago de Chile donde decidimos tener un inicio de vida buscando mejores horizontes, pero sin duda alguna con anhelos y sueños metas y esperanzas para nuestras vidas.

Pero llegamos en momento donde tenía que buscar cupo a mi hijo de tan solo 8 años de edad cursando 3er grado de la educación básica en su país de origen había cursado su año, pero en la ciudad de Santiago de Chile inician sus actividades académicas en el mes de marzo, siendo un picó más complicado conseguir el cupo.

Bien... me dirigí al ministerio de educación lo cual

me encontré con la sorpresa que no había plaza cerca del lugar donde vivíamos lo cual me tocó esperar por un gran lapso de tiempo para lograr un cupo para su curso.

En ese año había muchos inmigrantes venezolanos que estaban en las mismas condiciones que yo, no obstante, había un picó de tensión en mí.

Pero bien, un 17 de junio me llamaron para ser asignada en una entidad educativa... una escuela retirada del lugar de nuestra vivienda, ¿se podrán imaginar nuestra gran travesía? Pero era necesario para poder lograr salvar su año académico.

¿Qué paso? ¿Con que nos encontramos? ¡Pues bien! Allí cuando nos dirigimos nos encontramos con una escuela que muchos hablaban de ella. Pero ¿Por qué?

Pues les manifiesto era una escuela en unos de los barrios más delicados de ese sector.

Para mí no era fácil tener que dejar a mi hijo de tan solo 8 años en un lugar desconocido y el entorno era poco favorable ya que las unidades de transporte tampoco llegaban tan cercano a la instalación.

A medida que llegaba x primera vez a la institución pasaron por mi mente muchas interrogantes no era fácil para mí no para mi hijo.

Tenía dos opciones sin duda alguna era o que perdiera su año académico o inscribirlo no había ninguna otra.

Pero esto no terminaba allí, ese mismo año en el 2020 regresábamos de nuevo a nuestro país por consiguiente ya habían iniciado las clases académicas e iniciando el virus del COVID 19... otra travesía más para vencer y perseverar.

Como a muchos seguramente les tocó vivir.

Pero mi misión ha sido siempre el apoyo y la dedicación para mis hijos.

Al pasar los meses tomamos la decisión de otra aventura más donde actualmente me encuentro y de nuevo Santiago de Jesús se ve afectado por la situación de los cambios de instituciones y tal es el caso de nuestra llegada a la ciudad de Valencia España donde con mucha dedicación y amor he dejado mi legado en este libro para que usted lector le sirva de ayuda y crecimiento personal.

¡¡¡Bien continuamos...!!! Santiago inicia segundo lazo del sexto grado de la educación primaria donde en una nueva institución culmina su año académico totalmente feliz y agradecido y donde para él era un poco complicado por un idioma que jamás había escuchado, algo nuevo para él, y con la mayoría de amigos musulmanes porque era la escuela con más integración de niños inmigrantes de diferentes partes del mundo.

Dicho todo esto mí apreciado lector doy fe y me permito afirmar que la esencia y el origen de niños súper felices e inteligentes es parten de padres exitosos, responsables, amorosos, valientes, dedicados agradecidos, seguros y sobre todo padres comprometidos a la transformación de sus hijos.

Mi intención con este libro es profundizar y dar eco lo más lejos posible que llegue al mundo y es **LA IMPORTANCIA DE LOS PENSAMIENTOS LAS PALABRA Y COMO HACER QUE LOS SENTIMIENTOS SEAN POSITIVOS.**

Hoy día es muy viral cualquier tipo de amenaza fuera y dentro de las instituciones escolares por ello me motiva a dejar plasmado ese cambio transformador que dentro del contexto escolar se puedan implementar con una ayuda familiar y social.

Para esto en los siguientes capítulos hablaré de herramientas y decretos, que permitirán una armonía en todos los ámbitos y todos como integrantes para el desarrollo del niño/adolescente.

Ahora bien, la depresión de niños en muchos casos que viven en los hogares y en muchos casos es producto de padres afectados; por diferentes eventos y situaciones tanto que estos padres de niños que vivieron patrones que codificaron y dejaron huella de emociones y sentimientos fuertes de miedos, temores sin que hayan podido autoayuda y les permitiera salir de un círculo o una cadena rompiendo así esquemas y patrones de conducta en muchos casos innatas.

Debemos antes que todo profundizar a ese niño interior que llevamos todos evaluando cada sentimiento cada recuerdo cada momento querido lector en estas siguientes líneas dejo una oración muy poderosa y transformadora donde a todos aquellos padres que antes de continuar con los siguientes capítulos lograr inspirarse profundamente y luego cerrar los ojos y meditar en "¿Como debo mejorar?" "¿Como puedo ser mejor con mi familia y si eres docente como puedo ser mejor docente educador?"

Primero como persona y luego en mi entorno con mi familia y sobre todo con los hijos y donde pueda brindar ese amor y esa empatía con los nuevos seres que llegan a la vida.

Con esta oración de esencia de inspiración con lo divino te conectaras con tu ser.

" sé que solo hay una fuente el principio de vida el espíritu viviente del cual fluye todas las cosas que hay en el universo y todas las cosas que están contenidas en ella soy un punto focal de la presencia divina mi mente está abierta y receptivo para borrar todo sufrimiento o temores causados en mi pasado, soy un canal que fluye libremente para la armonía de mi familia, la belleza de mi infancia, la guía de mis pasos, la abundancia y la riqueza del infinito.

Sé que las riquezas la salud y el éxito se liberan desde adentro y aparecen en el exterior ahora estoy en armonía con las riquezas infinitas dentro y fuera y sé que estos pensamientos en mi mente subconsciente se reflejan en la pantalla del espacio exterior deseo para todos aquellos que desde mi niñez han estado en proceso de vida grandes bendiciones.

Estoy abierto y receptivo a todo mi compromiso para continuar en el desarrollo y crecimiento feliz en armonía perfecta en mi entorno agradeciendo por cada esencia que me permite vivir".

Luego de terminar la oración les recomiendo una respiración profunda para volver a realizarla con otro sentido de los sentimientos y pensamientos iniciando más profundo un autoanálisis les garantizo que su vida se transformará.

Esta poderosa oración si la aplicamos con sentimiento y en hábito van a acelerar las metas es parte del secreto.

Mientras más asertivos más les ayudamos a dar seguridad a los niños/ adolescentes

Hoy por hoy debemos buscar primero nuestra sanación y nuestro origen.

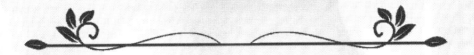

CAPÍTULO III

"EL PODER DE LAS PALABRAS Y LA PRIMERA MIRADA"

EL PODER DE LAS PALABRAS Y LA PRIMERA MIRADA

Somos energía en movimiento y la misma está compuesta por distintos patrones energéticos las vibraciones se convierten en energía y esta se materializan en experiencias o cosas, cuando estos patrones energéticos se reconocen pueden unirse para manifestar el propósito de los pensamientos positivos y anhelados o bien sea generar pensamientos negativos o algún otro tipo de rechazo.

El poder de las palabras edifica y codifican nuestras mentes subconscientes a continuación… Estos ejercicios y trampas tanto de pensamientos como sentimientos según sea tu patrón.

"Soy un ser humano afortunado bendecido la victoria es una realidad en mi familia".

"Estoy feliz de tener a mi familia maravillosa y a unos hijos extraordinarios".

"Nací para amar a mis hijos y a mi familia".

"Estoy muy feliz del aprendizaje que mis hijos día a día aprenden en su escuela"

"Me siento afortunado de tenerlos estoy muy agradecida(o) por tener un grupo de alumnos extraordinarios"

"Estoy feliz de lo que soy porque puedo dar lo que más amo y es educar".

Ahora utilicemos otro patrón.

"Vivo una realidad terrible con mi familia me siento decepcionada(o)".

"Estoy muy triste no tener a una familia como yo la quería y me la imaginaba estos hijos son desordenados".

"Nací para otras cosas y no para esto, mis hijos me agotan a la final ellos se irán".

"Estoy cansada de todos los días tener que llevarte al colegio y tú no aprovechas el tiempo no eres inteligente".

"Me siento decepcionado de ti todos los días se presentan algo imprevisto contigo"

"Estoy aburrido(a) que este grupo de alumnos no son extraordinarios, son todos unos desordenados".

"Estoy cansada de esta profesión que termine rápido este año de curso".

A lo largo de nuestra experiencia de vida nuestras mentes se han ido llenando de restricciones mentales que limitan nuestra capacidad para compartir realmente los valores y los pensamientos que la vida y el universo ha dispuesto para cada uno de nosotros, la totalidad de sus recursos para el bienestar de todos los seres vivos y así mismo tomar conciencia de cada momento que vivimos en plenitud y armonía.

Para ti mi querido lector bien sea tu rol; como maestro/ educador/ profesor/ guía/ padres de familia. En ambos casos les invito desde este primer instante a seguir interiorizando tu esencia recordando incluso desde esa infancia…. Tal cual como tú la viviste… Les hago mucha referencia en un cambio en la mirada…

Recordando en cada momento, qué pensamientos es radiación, todo es energía… que pensamientos fuertes construye vibración elevada por consiguiente determinará los estados emocionales tanto positivos como no tan positivo…

Vayamos comprendiendo y avanzando un poco más acerca de todo esto; para ello les daré un ejemplo del Doctor y profesor **Paul j. Mills** en su investigación del 10 de abril 2015 publicado por la asociación de psicología (APA) lo cual él tomó a una muestra de 186 hombres y mujeres por dos meses, 8 semanas.

Por medio de una prueba (práctica) esto quiere decir un HABITO a este grupo determinado con una "insuficiencia cardíaca" y por tanto encontró reducción de sus niveles biomarcadores inflamatorios que de manera poderosa y por unos minutos al día llevo a la mejoría de mencionado grupo, pero ¿Qué pasaría?

Utilizando una herramienta tan eficaz y poderosa como lo es **LA GRATITUD**.

Concluye en que

Se encuentran las cosas buenas y que quienes la expresan tienen mayor y mejor estados de ánimo, lo cual es una sensación muy elevada que te genera pensamientos seguidos positivos y por consiguiente sentimientos de armonía y gozo, duermen mejor y son más efectivos en la resolución de problemas.

Podrán darse cuenta que tan solo con esa transformación de emociones el cerebro utiliza su mejor estado de funcionamiento que facilita un cambio transformador en todos los ámbitos emocionales y así favorecer a los pensamientos que sin duda alguna permite cambios en la salud y cambios en todo el contexto que se encuentre, pero dicho esto y tomando conciencia ya en este primer instante como un ser adulto va a elevar con gratitud y mejorar su salud?

La gratitud determina un sentimiento elevado y por consiguiente vibrar muy alto experimentando la energía de los más altos sentimientos.

La gratitud no solo nos hace mejores personas, sino que además mejora la salud física y mental expresar sin duda alguna diariamente agradeciendo y sintiendo la magia de la gratitud y que puede ser una de las formas más simples de sentirse mejor pero que sin duda alguna la gratitud facilita ayuda a todas aquellas personas a sentirse emocionalmente más positivas, disfrutar de buenas experiencias, enfrentar las adversidades y construir relaciones sólidas en el contexto familiar/escolar/social.

Para esto te invito a hacer un ejercicio antes de continuar con los siguientes capítulos...

Cierra por unos instantes tus ojos y dedicas 5 minutos solo para AGRADECER.

El hecho de tener vida, de estar donde estás de interiorizar y recordar tu infancia...

Te pido en estos momentos que no atraigas a ti nada negativo ni dolor ni tristeza solo enfócate en visualizar a ese niño que en algún momento o muchos momentos fuiste verdaderamente feliz que emoción encuentras en cada recuerdo.

Ahora dedica unos instantes el motivo que recuerdes un episodio extraordinario maravilloso que resalta con ese recuerdo.

Que aún lo recuerdas y que tras el mismo sentimiento ...responde ...

Te invito a hacer este ejercicio todos los días y aplicando como un hábito para que sientas a ese niño interior que llevamos todos y de esta manera podamos comprender el adulto que somos ahora y esto lo aplicaremos todos: padres/ profesores /maestros/ guías…

Ahora bien, después de este valioso ejercicio o mejor dicho meditación de agradecimiento no cabe duda que no existen niños difíciles…. Lo difícil es ser un niño en un mundo de gente cansada, con muchas cargas, frustraciones y emociones que por temores o sentimientos de soledad no buscaban solución o apoyo en familias.

Analicemos juntos la gran historia de Thomas Édison un día siendo niño pequeño llegó a su casa proveniente de la escuela entregando un papel a su madre…el que se decía.

Mamá mi maestro me dio este papel y me dijo que solo tú tienes que leerlo ¿Qué dice mamá?

Pero sus ojos se llenaron de lágrimas…

Mientras leía la carta a su hijo…de verdad,

Aquí suspiró, admiro las palabras que salieron de sus labios (la madre de Thomas) y es donde aplicó la palabra divina. "de la abundancia del corazón habla la boca" (Mateo 12:34) … "porque de lo que abunda el corazón habla la boca" (Lucas 6:45)

Tu hijo es un GENIO esta escuela es demasiado pequeña y no tiene buenos maestros para educarlos por favor enséñale usted misma….

Muchos años después de la muerte de la madre de Édison y donde se convertiría en unos de los más grandes inventores del siglo…

Un día revisó algunas de sus cosas guardadas… ¡¡¡Para su gran sorpresa encontró la carta doblada de aquel día!!!

Donde el maestro le entregó para dar a su madre… su gran sorpresa.

Édison la abrió el mensaje escrito en la Carta y era… Su hijo es mentalmente deficiente no podemos dejar que asista más a nuestra escuela está expulsado.

Édison se emocionó al leerlo y luego escribió en su diario….

Thomas Édison era un niño con deficiencia mental y fue su madre quien lo convirtió en el genio del siglo sin duda alguna la historia de **Thomas Edison** nos hace reflexionar y profundizar muchos aspectos tantos como el poder que tiene las palabras puede cambiar el plan de vida asimismo como influyen los sentimientos y las emociones de la madre y también del profesor, pero ojo sin juzgar el patrón o por qué el profesor para ese momento tomaría esa posición.

La madre tomó el valioso rol más importante de todos los sentimientos asumiendo ambas profesiones madre/educar. Hasta el punto de que su hijo se convertiría en un verdadero GENIO es posible que cada lector tendrá palabras y momentos grabados y guardados frases que escuchaste de pequeños quedando en cada cerebro pensamientos y sentimientos y verás que cada frase o estímulo que emitimos a nuestros hijos durante la infancia se quedan grabadas en el cerebro como circuitos que activan una y otra vez durante su adolescencia y en su vida adulta…

Te invito a meditar sobre ese poder que hay en las palabras tanto como padres/ profesores/guías/ educadores.

Meditar desde los inicios de sus vidas esa infancia bonita, los momentos de una meditación profunda que facilite y nos hace transformar y reprogramar.

Para esto debemos aplicar muy bien las bases la comunicación en las familias/contexto educativo, dando lo mejor de sí mismos a los más hermosos creadores de tu propio amor como son nuestros niños/ adolescentes y a forma el carácter y estados de ánimo fortaleciendo cada sentimiento mejorando sus emociones donde muchas veces son innatas potenciando una sana relación en el entorno escolar/social.

Mis apreciados lectores padres de hermosas familias, profesores siempre tenemos grandes oportunidades para valorar, reprogramar, amar, abrazar, motivar, educar desde nuestra propia esencia sin señalamientos ni críticas todo en la vida es un proceso y lo más importante es nuestro propio estado de conciencia para determinar nuestros pensamientos y estados emocionales y saber estar en el aquí y ahora que es nuestra propia Armonía, plenitud

Sin duda alguna elevar a los niveles más altos de la vibración interna y de evaluación de conciencia.

Les invito de nuevo a observar y meditar sobre la escala del doctor David h. (página 25)

Manifieste sus verdaderos sentimientos por ejemplo en estos momentos…sonría y visualice esos momentos de tu niñez, recuerdos maravillosos. ¿Cuántas veces de camino a casa estarías con tanta alegría porque tu nota académica era la más resultante que sentiste?

¿Como se lo dijiste a ti padres? Atrae eso a tu mente. ¿Qué sentiste y que sientes ahora memorizar esos recuerdos tan espléndidos?

Te garantizo que te sentirás en plenitud recordando y visualizando a ese niño interno que todo adulto lleva, vamos comparta con tus seres queridos el amor, los amigos, la familia unida, y recordando ese plan divino que nadie más puede cumplir...

Encontrar de cada experiencia todo lo positivo.

Cuando vemos realmente todas las bendiciones que cada uno lleva créeme me apreciado lector por muy fuerte también algún acontecimiento no tan favorable o recordando doloroso pero al centrarnos en las posibles soluciones o mejorar lo que de pronto no era el momento pero siempre con la mirada en lo bueno lo en lo positivo dado que para esto también está la contraparte de dicho momento o acción y es allí donde equilibramos un estado de paz recordando la felicidad está en el camino de la vida no en el destino...

Disfruta cada instante, cada momento ten claro que TU QUIERES SER FELIZ QUE ERES REALMENTE FELIZ Y QUE TU FAMILIA MERECE SER FELIZ.

Pero ¿Que trae un pensamiento negativo? ¿Como nos puede afectar un pensamiento negativo? ¿Acaso queremos tener pensamientos negativos?

No.... no queremos atraer pensamientos negativos. A esto le llamamos las trampas de los pensamientos y sentimientos q nos modifican todas las acciones y conductas muy ajenas a nuestra realidad. ¿Qué pasa realmente con el experimento de la carrera de la rata?

Cuando un ratón es sometido aún experimento. Intentemos visualizar al ratón, ¿Como se comporta el ratón? Se ve acorralado y desesperado atrapado en una caja probablemente...

El humano lo sorprende y el ratón se ve acorralado, bueno algo así sucede con nuestra mente humana pero esta vez somos sorprendidos por nosotros pensamientos y nuestra propia sombra.

Debemos estar conscientes de que cada pensamiento que utilizamos nos dará la mayor eficacia de serenidad para fomentar el equilibrio emocional.

¿Esto que quiere decir? Siembra el mayor número de buenos pensamientos y atraerás más pensamientos similares, pensemos por unos instantes... piensa y visualiza un banco... ¿Que sucede en los bancos? Las personas depositan su dinero, otras retiran dinero, ahora has un ejercicio simple.

Visualiza que tú eres ese banco, pero en estos momentos hay grandes depósitos de pensamientos positivos.

Práctica ese hábito todos los días, por ejemplo.

"Que gran día y radiante se manifiesta en el día de hoy..."

"Me siento bien y fortalecido anoche tuve una gran

noche de descanso."

"Mis ahorros han ido aumentando así podré comprar los zapatos que tanto me gustan."

"¿Qué crees que vas a retirar de tu banco?"

"¿Cuál sería el interés?"

"¿Como estarías en un mes de depósito de pensamientos diarios a tu banco?"

Así que ese banco es el mejor banco. ¿Que tenemos para hacer depósitos? ¡Vamos... sorprende a ese banco que eres tú!

Comienza ahora mismo... el mejor banco del universo está esperando para recibir la mayor cantidad de depósitos...

Este párrafo lo he dedicado a ese poder que las palabras van transformando o edificando a cada uno de nosotros, así mismo como debemos elegir y diseñar el destino en plenitud, tanto que así usted lector o guía para nuevas generaciones.

Es importante hacer primero una limpieza en todo caso de las viejas creencias y delimitaciones que inconscientemente se permiten grabar y transmitir a nuevas generaciones y que sin duda alguna el poder de las palabras va transformando.

Cuando se está de manera indefensa como son los niños y muchas veces no hay opción de elegir cono pasa en ellos, es por ello que quedan grabadas en el subconsciente para reflejarlo en la adolescencia y en todo caso en el adulto

Aquí comparto unos minutos para interior nuestra esencia... les invito a realizar todos los días...

Dale todos los días a tu mente algo de claridad palabras de Warren Buffet...

"Sé que solo hay una fuente, el principio de vida, el Espíritu de Vida, el espíritu viviente del cual fluye todas las cosas que hay en el universo y todo lo que están contenidas en ella soy un punto focal de la presencia divina mi mente está abierta y receptiva soy un canal que fluye libremente para la armonía de mi hogar, mi familia y todo mi entorno.

Donde cada día me encuentre sé que la salud, el éxito y las riqueza se liberan desde adentro y aparecen en el exterior para transformar todo en armonía ahora me siento en plenitud dentro y fuera y sé que estos pensamientos se están impregnando en mi mente subconsciente y se reflejarán en la pantalla del entorno y espacio exterior deseo para todos aquellos las bendiciones de la vida estoy abierta y dispuesta a todas las riquezas espirituales mentales y todos crecimiento de mi vida desde este instante que fluye hacia mí en grandes oportunidades para transformar mi conciencia para hacer un canal motivador en todos los aspectos de mi vida"

Con este ejercicio tan motivador y realizarlo tantas veces puedas te garantizo que te permitirá hacer un compromiso transformador para generar en ti un equilibrio de paz espiritual...l no cabe duda que el poder de las palabras nos mantiene en una aptitud y actitud de estados emocionales elevados y una autoestima significativa para aportar los mejores sentimientos y pensamientos en todos los ámbitos.

EL DESPERTAR DE LA CONCIENCIA

No obstante experimentar un equilibrio en nuestras vidas nos lleva a vivir en una conciencia basada de dar lo mejor que tengamos en nuestros corazones.

Ante la situación que estamos viviendo hoy día esa prisa muchas veces pasamos sin experimentar la grandeza que realmente tenemos día afea y en este momento tengas ahora mismo en tus manos sosteniendo este libro, o de pronto observar mientras tomas un delicioso café... o un cálido día junto con tu familia, tantas maravillas que en tu entorno tienes o mucho mejor en estos momentos haz una pausa.

Tus hijos o tu familia están pidiendo una opinión

para organizar un fin de semana de paseo o tu hijo te pide que te ayude a las compras para la próxima maqueta que debe llevar a la escuela, tu comienzas a dar esas ideas para organizar la actividad... nos emociona la idea de despertar esa conciencia humana desde la esencia y conexión que tenemos con lo divino y despertar esa conciencia debes entender y profundizar que es fundamental recordar todo nuestros patrones, nuestra infancia, lo vivido en nuestras vidas de manera asertiva.

El despertar de la conciencia surge cuando sucede una transformación de lineamientos y para poner en coherencia las cuatro dimensiones del ser humano: mente- cuerpo-emociones y energía, todas las actividades que realizamos a lo largo del día bien sea en un contexto escolar como directivos o educadores o en tu trabajo laboral de cualquier contexto o en el entorno familiar pueden modificar la estructura energética del contexto.

Coloquemos este ejemplo: Un día tú planificas para ir a la playa con tu familia, con la esperanza que lo que has planificado salga de la mejor manera, con un sol radiante para disfrutar todos en familia.

Ahora bien, de momento surgen nubes oscuras y comienza un día lluvioso, practica imaginación y por supuesto la energía que le brindas a tu cuerpo por medio de la emoción, utiliza ambos patrones de emoción.

Por un lado, una emoción poco favorable porque

eso que ya tenías planificado no surgió, pero si bien es cierta esa misma emoción la puedes seguir teniendo

¿Pero cómo? Tienes 2 grandes posibilidades de seguir con la misma emoción, disfrutar del día lluvioso con juegos en familia juegos de mesa una excelente película una pizza comida grandes escenarios que se puedan experimentar seguidamente planifica para ese día soleado que posteriormente lo podrás disfrutar en la playa recuerda que es tu actitud quien define esos estados emocionales capaces de elevar tu energía y campo vibratorio.

"No es lo que vemos en el exterior sino lo que somos capaces de ver y sentir dentro de nosotros"

Simplemente habrá factores que puntualmente armonizan y otras que desarmonizan he podido observar como las personas que actúan con pasión tienen niveles de energía más elevados un ejemplo de esto es cuando se hace ejercicio o bailas o cantas y haces compasión lo que te fascina y te agrada producen automáticamente un desbloqueo energético favoreciendo la libre circulación de la energía.

Entendamos: **¡Ninguna familia es perfecta!**

Claro que existen familias con situaciones más favorables que otras, con experiencias marcadas en su infancia; pero no quiere decir que todas tengan que vivir situaciones desagradables o no y que hay padres/

maestros/guías con un vínculo muy estrecho y armonioso donde se logra un equilibrio favorable, que cuando se logra ese equilibrio los padres tanto en distancia por factor de tiempo, respeto personal, objetividad y madurez es que realmente las relaciones son bonita y única sin comparación alguna.

Sin duda alguna los niños que se desarrollen y aprenden en ser disciplinados y constantes con el ejemplo y guía de sus padres son niños más conscientes y felices en todos los ámbitos de su crecimiento y desarrollo emocional y social.

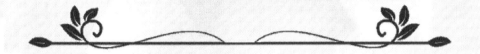

CAPÍTULO IV

"FORTALECIENDO EL ALMA.
RELACIÓN (FAMILIA-ESCUELA)"

FORTALECIENDO EL ALMA. RELACIÓN (FAMILIA-ESCUELA).

El alma...

La clave del inicio de tu vida y cuando digo vida es porque equilibramos nuestros pensamientos sentimientos y emociones en este capítulo haremos varias visualizaciones terapias y poner nuestra mente a vibrar.

Comencemos...

Imagina tu etapa de la niñez.

¿Cómo eras aproximadamente a tus ocho años de edad?

Imagina y visualiza como eras físicamente.

Y si por alguna razón te cuesta la visualización y puedes mirar alguna foto para refrescar la memoria y captar tu atención en esa etapa de tu vida recordando todos los hermosos detalles.

¿Cómo eras a esa edad?

¿Eras alto ya para esa edad tu tamaño era el indicado a tu edad?

¿Qué recomendaciones recuerdas de tu pediatra o tus

TRANSFORMA AL NIÑO EN UN ADULTO PLENO

padres?

¿Te gustaba tu estatura y tu agilidad en hacer tus actividades físicas?

Ahora haz un ejercicio profundo de visualización e imaginación.

Imagínate en tu habitación o jugando con tus amigos;

¿Qué hacías cuando estabas en tu habitación?

O cuando jugabas con tus amigos.

¿Cuántas veces al día sonreías? Porque eran tantos los chistes que compartías con tus amigos que la risa lis apoderaba.

¿Cuál era tu juego favorito? ¿Disfrutabas al momento de compartir con tus amigos?

 O mejor aún **visualízate** vestida (o) con tu uniforme de algún deporte que hayas experimentado o simplemente caminando al colegio...

¿Recuerdas el uniforme de tu colegio?

¿Qué recuerdas de esa infancia? Lleva a tu mente momentos de felicidad.

Profundiza que recuerdos grabados que te produzcan una gran emoción

Enuméralos....

Imagina aquella etapa, de la niñez, ve al pasado **¡Recuerda cada detalle, cada momento!** Te recomiendo que te centres en los detalles positivos; en tus sonrisas, en aquellos abrazos, en todas las actividades vividas en tu entorno escolar, has una pausa. Reflexionar y suspira... ¿que sientes?

Esos momentos ese contacto que hayas tenido en la naturaleza, recuerda los momentos vividos en compañía de tu familia, aquel parque todos unidos jugando y compartiendo en familia, ¿Recuerdas alguna sonrisa de tus padres cuando veían que tú sonreías y jugaba?

¡¡Aquel cine de tu película favorita, el estreno esperado!!

Y sobre todo las relaciones que hayas tenido con tus familias (primos, tíos, abuelos) y en todo ese contexto que te llevó a sentirte feliz y pleno.

Cuantos más detalles reales tengas en tu imaginación mayor efecto tendrá el ejercicio vibratorio q estarás dando a tu mente.

Ahora bien...

Seguramente te has imaginado tantos momentos placenteros y has logrado mantener en ese tiempo y espacio, te pregunto y **te responderás** profundamente una respuesta que te hará transformar aún más esa comunicación con tu familia y tus hijos...

¿Qué sentías cuando culminaba el año escolar y estarías un tiempo de vacaciones'? ¿Como eran tus vacaciones?

Que recuerdas de tus maestros/guías/profesores te sentías feliz en tener a esos educadores? ¿Los recuerda con cariño? ¿Con quién te dejo mayor confianza? ¿Por qué?

En estos momentos inspírate con estas dulces y agradables palabras o vitaminas para tu alma....

Me siento orgulloso de todas las cosas que siendo niño logré alcanzar.

Me siento feliz porque aprendí lo suficiente como para hoy día estar donde estoy.

Estoy muy agradecido por el adulto pleno en el que me he convertido.

Lo cierto es que no hay nada más saludable que dejar que tu niño interior sea espontáneo...

No lo reprimas la idea adulta también necesita imaginar esa parte divertida y esa magia que hay en nuestro interior, visualiza....

¿Cuántas veces jugaste con el agua?

¿Cuántas veces jugaste con la cuerda saltando y querer soltar más? ¿verdad que es vibrante?

¿Qué se siente en este momento? ¿Como lo recuerdas? Todas esas emociones nos llevan a otro nivel capaz de equilibrar todos nuestros pensamientos y emociones en positivo.

Es esencial siempre tener en cuenta que para el desarrollo en todos los ámbitos del niño/ adolescente, se deben considerar las relaciones entre familia y escuela.

Como un tema clásico y reflexivo de análisis para facilitar el proceso intelectual, emocional y cognitivo desde el inicio de vida hasta su crecimiento donde tenga la fortaleza de tomar de decisiones.

¡Vamos!

Continuamos con reflexiones y pausas imaginativas.

Muchas veces te has mirado aún espejo seguramente, pero bien quiero que la próxima vez lo hagas con la conciencia fijada en ese niño interior que hay en ti.

Te miraras y apreciarás a ese niño que vivió momentos satisfactorios y hoy los recuerda para facilitar en ese proceso que llevas como padres/educadores. Has una pausa y valora a ese niño/niña, siente que eres una perfecta creación divina que has nacido para dar amor todos los que te rodean, para ser cada día feliz!!!

Recuerda...

Todo niño es un artista y va realizando todos sus talentos a través del proceso de vida así que como padres/guías/profesores/educadores.

Debemos comprometernos cada día a transformar nuestra esencia y patrones de vida.

Es fundamental respirar profundo y darnos un pequeño espacio para conectarnos nuevamente con nosotros y con nuestros niños según sea tu entorno que aparte de ser padres/ profesores/ educadores/guías somos personas que también sentimos y en algunos casos llegamos a sentirnos tristes, que nos agotamos pero que tenemos toda la capacidad de enfocarnos en todo lo positivo y siempre encontrar solución y equilibrar para que exista un ambiente en armonía.

No obstante, las relaciones de los profesores con los padres son importante para mejorar el bienestar y la salud del niño/adolescente.

Deben estar totalmente vinculados a las creencias y patrones de comportamiento sistemáticos, consciente con la finalidad de potenciar y ampliar las capacidades y destrezas en todos sus ámbitos; es de suma importancia una sana relación que el niño/ adolescente sienta que es valioso, y sienta que es feliz para ambos contextos bien en la familia o en contexto escolar.

El niño/adolescente debe sentirse orgulloso del lugar donde se encuentre identificándose cada espacio orientado a sus emociones y sentimientos ayudando a potenciar sus fortalezas; cuando menciono cada espacio es identificando sus posibles debilidades orientadas siempre a fortaleza su autoestima enseñando que son más las fortalezas que esas debilidades que se presentan en algunos casos.

Potenciar dichas relaciones y autoayudas en el hogar/escuela que estimule las relaciones interpersonales favoreciendo sus pensamientos en acción.

¿Una acción activa vibrante feliz y cómo se logra?

Se logra con todo el amor y la energía que tenemos adentro en nuestra conciencia para transmitir a futuras generaciones.

Cuanto más amorosos más satisfacciones hay. Y mientras más satisfacciones muchos más resultados existirán...

Como es arriba es abajo como es adentro es afuera el principio o ley de correspondencia una de las Siete leyes del Universo somos un reflejo...pues aplica ese reflejo con pensamientos de alta vibración.

Cuantos más pensamientos que logramos dominar en positivo más valiosos somos y cuanto más buscamos el bien común mucho más existirá el bien común de nuestros niños/adolescentes...

Muy bien se aplicará esta ley de correspondencia en el entorno donde se encuentren nuestros más hermosos niños/adolescentes.

POTENCIAR LAS RELACIONES. (PADRES-CONTEXTO ESCOLAR)

COMPROMISO.

Iniciaremos este párrafo con un compromiso personal cada uno de acuerdo a su situación o patrón como padres o en el contexto escolar...

"A partir de ahora estoy más feliz y en armonía elijo ser una persona que tengo paz tengo amor y todo lo que hay en mí lo entrego con sabiduría y pasión de lo que soy lo afirman y sigo paso a paso en completa armonía y paz".

Siguiendo las emociones que ya hemos aplicado y sin duda alguna sintiendo esos sentimientos de equilibrio podemos ir ya potenciando más las relaciones entre padres y el contexto escolar.

Las relaciones familia- contexto escolar es fundamental para el desarrollo académico social y emocional de los niños/ adolescentes, por consiguientes; se hace necesario analizar la responsabilidad de cada uno tanto en las familias como en contexto escolar capaz de disponer una integración total en el desarrollo educativo emocional del niño/ adolescente.

Los centros educativos/ instituciones, fueron creados para favorecer el desarrollo de los niños/ adolescentes y de este modo servir el apoyo y ayuda a las familias.

En su mayoría a lo largo de la historia y con el paso de los años la sociedad y los gobiernos en las instituciones y en entorno educativo han implementado una serie de cambios que han radicado gran parte las diferentes actividades en el desarrollo educativo de los niños/ adolescentes favoreciendo las relaciones entre padres-contexto escolar.

Ante estas nuevas modalidades y cambios se hacen cada vez más notorio la necesidad de tener una relación más comprometida una relación que se involucre

La calidad de los profesores desde el personal directivo hasta los que contribuye en el desarrollo escolar proporciona sin duda alguna, que cada uno del contexto educativo se motive y saque de sí mismo lo mejor y así se apoye al bien común crear una visión de éxito y armonía, propiciar y mantener un ambiente de confraternidad entre tofo el personal apoyando el liderazgo de otros compañeros de trabajo y planificar desde las bases cómo mejorar el proceso de enseñanza y aprendizaje en toda la comunidad educativa director y el personal del contexto educativo es mucho lo que podemos hacer y apoyar a nuestros niños/ adolescentes.

Tener el compromiso de crear ambientes de una verdadera formación no solo de aprendizaje sino también de armonía y fortalezas para vivir en una relación completa entre las familias y el contexto escolar para el buen crecimiento y desarrollo del niño/adolescente.

Tips… Padres/contexto escolar.

Atrévete a asumir el reto de cambiar, de transformar tus emociones, de ser un ser integral para fortalecer el desarrollo y crecimiento del niño/adolescente.

Enfócate en el compromiso de hacer cuanto sea necesario para alcanzar relaciones maravillosas entre padres-contexto escolares.

Sé un cambio transformador mucho lo que se puede hacer para suavizar la vida de las personas a nuestro alrededor y obtener a cambio la alegría el entusiasmo y el bienestar que nos produce actuar de esta manera.

Reconoce cuáles son las emociones que te acompañan con más frecuencia, aquellas con las que t identifiques con todo lo que pasa en el día para que puedas ayudarte en el proceso del día.

Se tú el de dar el primer paso para avanzar en el camino de recuperar el equilibrio persona/emocional buscando siempre soluciones para establecer la armonía entre padres/contexto escolar.

La amistad se fortalece a través de la actitud de cada uno, según el vínculo importante de cada niño/adolescente. El rol de los padres/contexto escolar es fomentar esos vínculos.

¿Pero qué tanto se puede puntualizar y comprometerse?

Formar parte de eventos y celebraciones para fomentar y fortalecer relaciones conjuntas.

Encuentros entre familia y contexto educativo donde cada uno tenga la experiencia de conocer mucho más el lugar donde pasa la mayor cantidad de tiempo el niño/adolescente.

La comunicación conjunta y positiva en las familias directas del niño es fundamental para fomentar una relación de respeto entre el profesor/maestro y el niño/adolescente.

Es tiempo de tomar nuevos paradigmas.

Es tiempo de tomar la decisión valiente y más sublime de dar lo mejor de cada uno de nosotros, soltar, perdonar y darnos la oportunidad de tener las mejores relaciones y el ambiente que todos merecemos….

Tanto padres felices y tranquilos porque sus hijos estarían bajo la misma frecuencia de lo que sus mentes tienen atrayendo a sus vidas esa misma tranquilidad de amor y entrega que dan a sus hijos como los profesores felices de tener a los alumnos para transmitir todos sus conocimientos y su amor a cada niño/ adolescente.

Es fundamental toda relación consciente y conjunta placentera para vivir en total armonía.

Toda acción tiene una reacción.

Toda causa tiene su efecto, no solo en los otros sino en cada uno de nosotros.

Aquello que hagamos SENTIR a nuestros semejantes, niños, adolescentes también sentiremos esa sensación y sentimientos por tanto no nos preocupemos tanto por lo que la vida o el así llamado futuro nos depara ocupémonos de dar lo mejor de cada uno de nosotros obrar con amor y en beneficio de todos que busquemos el origen y la esencia de nuestras vidas para transformarnos y transformar a nuestros niños.

Haz el bien sin mirar a quien y recuerda que "Dando es que se recibe".

El amor es uno de los alimentos indispensables en la relación que tenemos con los hijos y la forma en que nos comunicamos con ellos revela mucho de ese afecto ser esos héroes activos para ellos y a pesar de que en ocasiones los niños atraviesan etapas en donde su comportamiento es más desafiante saber mantener la calma y corregir desde el respeto y el amor ser consciente para brindar fortalezas.

Se hace necesario cada vez más conversaciones con los niños, en el hogar es valioso el vínculo de la unión el respeto y el amor considerando el todo.

Esto es fundamental para mantener una buena comunicación y crear un ambiente favorable para su bienestar emocional y su desarrollo como persona en este sentido debemos tener en cuenta ser conscientes que tanto en los aciertos como en los errores debemos reconocer los esfuerzos y rescatar lo positivo de lo vivido tanto como adultos como en nuestros niños/adolescentes.

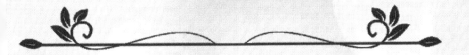

CAPÍTULO V

"CONTROLA TU MENTE"

CONTROLA TU MENTE.

Dame la capacidad de caminar por la vida con la voluntad de pensar siempre en los demás para un caminar juntos en función de dar lo que somos con amor".

Antes de continuar con los siguientes párrafos medita y repite...

"estoy agradecido por todo lo que he logrado hasta el día de hoy, agradezco todos los días de mi vida gracias por el amor que puedo dar por lo que soy, SOY LO QUE SOY para transformar a este niño interior que llevo dentro de mí y a todos los niños que a partir de ahora están a mi alrededor".

Siempre debemos tener en cuenta.... que podemos llegar a tener pensamientos que modifican nuestros sentimientos y por consiguiente nuestras acciones, aun teniendo una inteligencia emocional elevada podemos modificar puesto que las emociones tanto positivas como no tan positivas, estarán presentes a lo largo de la vida, pero el verdadero equilibrio es identificar y dar a los pensamientos el porqué de cada una, para gestionar como corresponde.

Al tener cada una de nuestras emociones identificadas, podemos saber que nos preocupa o nos hace sentir bien y con esta emoción podemos tener mejores relaciones con las personas, nuestra familia que nos rodean.

Pero mejor aún el éxito y la armonía en cada espacio y ámbito de nuestras vidas a esto llamo el contexto familiar y escolar.

Pensamientos sentimientos-acción.

¡Sin importar los pensamientos que hayan afectado y alterado tus emociones lo importante es reconocerlos!

Y siempre tener presente que todo tiene solución que existen técnicas herramientas, hábitos.

¿Qué tanto pueden favorecer los hábitos u las herramientas?

Sin duda alguna un estado consiente y con niveles superiores a 500 de la escala del doctor David H. Fortalece y equilibrar los pensamientos...controlando la mente.

¡¡¡Recuerda!!!

No se trata de reprimir tus emociones, pero si es tu responsabilidad valiosa de un autocontrol para modificar y encontrar parte del sentido de la vida y la enseñanza...

Aprender desde el amor y del amor desde los

inicios de vida se va manifestando y se empieza con tus vidas con creencias y limitaciones...

Fortalece tus pensamientos sentimientos y acciones para determinar a tu favor un autocontrol de la mente humana y la de niños/adolescentes.

A ti mi apreciado lector....

Responsable de ser padres/ educadores y digo solo educadores porque tienes la valiosa misión de EDUCAR.

- ➢ **¡CREE EN TI!**
- ➢ **¡CREE EN TU FUERZA INTERIOR!**
- ➢ **¡CREE EN TU CREATIVIDAD!**
- ➢ **¡CREE EN TUS POTENCIALIDADES!**
- ➢ **CREE EN TU CAPACIDAD DE DAR AMOR DE TRANFORMARTE.**

CREE en ser extraordinario para transformar a los niños en adultos plenos.

CREE en tus sueños y anhelos en convertir realidad los sueños y anhelos de los niños/adolescentes.

Saber controlar tu mente equilibrando y reforzando e identificando cada emoción.... es importante conocer y reconocer las emociones para adaptar a todo tu entorno donde te encuentras...

Como profesora y madre de tres hermosos hijos siempre me di la oportunidad de buscar estrategias y herramientas para tener una relación sólida con mis hijos y en el contexto escolar... mi verdadera misión de fortaleza y amor fue una de las claves para abrir camino al futuro de los niños desde sus inicios...

Pero la responsabilidad afectiva era algo que dependía del grado de amor que llevaba dentro creando espacios felices para el desarrollo emocional de los niños tanto en mi contexto escolar como a mis 3 hijos.

EL DESPERTAR DE LA CONCIENCIA

Vibrar en armonía.

En este párrafo se pondrá en práctica la magia de vibrar en armonía.

Agradeciendo cada propósito que practicaremos con la importancia de los sentimientos, aquí practicaremos la **GRATITUD** y con nuestro poder de una mente consciente... manifestar las emociones ilimitadas para vibrar y vivir en plenitud con la mente y conciencia en acción masiva.

Antes de realizar los siguientes ejercicios y experimentar una conciencia con pasión y propósito.

Repite....

Siente en tu corazón lo que expresa...

"Estoy muy agradecido por mi potencial creativo que la vida me ha enseñado para vivir consciente de lo que quiero manifestar en mi vida a partir de ahora".

La gratitud aumenta la felicidad y nos permite saber equilibrar todas las emociones recordemos la escala del doctor David h.

Pensamientos- sentimientos- acciones.
Pensamientos = percibir.
Sentimientos = vibración
Acciones=declarar.

Ejercicios 1.

Padres de familia.

La casa de mis sueños.

Pensamientos= querer tener una casa al percibir te da las razones fundamentales de tu pensamiento.

Sentimientos = vibras en felicidad, manifestamos estados emocionales.

Acciones = puedo brindar estabilidad en mi familia y declaras el poder de la gratitud lo cual te genera vivir en plenitud con tu familia.

Aquí puedes observar como la mente humana transforma las vidas...

La gratitud sin duda alguna transforma.

Es un cambio en la mirada porque cuando dirigimos la mirada a la plenitud convertimos en un adulto pleno...

En este ejemplo de la madre de familia.... al tener un propósito que te genera un pensamiento...

En este caso la casa sin duda alguna el sentimiento de emociones que genera para brindar a la familia una estabilidad... la acción surge al compartir en plenitud dicho pensamiento dando el amor que una familia merece.

Ejercicio 2.

Maestros/educadores/profesores/guías.

Pensamientos= tomar la decisión de ser maestros, profesores educadores, guías.

Sentimientos= la graduación.

Felicidad.

Alegría.

Acciones= la práctica en acción.

Educar, dedicación por cada uno de los niños/adolescentes.

Ejercicio 3

Niños/adolescentes.

La oportunidad de nuevas habilidades.

Pensamientos= de vuelta al colegio.

Pensamientos creativos.

Sentimientos= te genera sentimientos e incertidumbres,

Pero es allí donde se fortalecen con la ayuda de padres y el contexto escolar.

Acciones= nuevas amistades.

Sentir felicidad dentro del contexto escolar.

Juegos intercambiar ideas para fijar nuevas etapas en sus vidas.

Todo ser humano tiene la capacidad de desarrollar el pensamiento humano con aptitudes y actitudes naturales.... para pensar y comprender tanto el entorno que lo rodea, como sus propias emociones y percepciones.

¿Como podemos en verdad lograr este

equilibrio?

para lograrlo se analiza y profundiza como se percibir los sentimientos y las emociones.... así mismo afrontar y resolver toda situación consciente que vivimos día a día... estamos en unos de los mejores momentos de nuestras vidas gracias a la tecnología y a los avances, estudios que se han logrado a través del tiempo...

Grandes cambios que han impulsado el desarrollo del pensamiento en los niños/ adolescentes para lograr que sean adultos capaces de razonar y tomar decisiones sabias en sus vidas.

No obstante, al comprender aún más estas lecciones de vida que he dejado para usted lector y que posteriormente iré avanzando con programas y desarrollo en función de estrategias para fomentar en las instituciones educativas, así mismo organizar métodos eficaces para la sana convivencia en el contexto escolar donde padres de familia también tengan el compromiso de integrar a la formación del niño/adolescente.

Según Jean Piaget (1999) ... "la conducta supone dos aspectos fundamentales y estructuralmente independientes; uno afectivo y el otro cognitivo (p-14)"

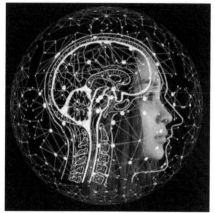

Esto considera que los afectos o las emociones son la energía para la acción, mientras que el conocimiento le da estructuras...

Así que nuestros pensamientos orientan y condicionan las emociones que sentimos, por lo que se dice que todos los seres humanos experimentamos una relación entre pensamientos, sentimientos, emociones y acciones.

En tal sentido, nuestros pensamientos son los motivadores e impulsadores de todos los comportamientos del movimiento corporal... Así mismo los resultados que permitirán tu equilibrio perfecto y emocional.

Mí estimado lector...

Me he dado mi profundo amor de investigar, y despertar el interés sobre el por qué están surgiendo el acoso escolar/bullying o las depresiones...

En este libro doy herramientas, decretos, afirmaciones y la propuesta coherente en la conducta de los pensamientos y aquellos recuerdos iniciales... con la intención de modificar la situación externas en tu vida, estos cambios en su mayoría de los casos innatas por viejas creencias de tu infancia.

La mente que habita en nuestro cerebro....

Continuamos... imaginemos nuestro cerebro piensa su estructura y vamos a visualizar en 2 partes dividida...

De un lado izquierdo de nuestro cerebro tenemos una mente racional y del lado derecho tenemos una mente emocional....

Nuestra sociedad y cada vez aún mayor se ha concentrado en que lo más importante es el intelecto racional, más sin embargo estadísticamente se ha concluido que la inteligencia emocional o IQ es más importante para una vía exitosa, Que al del coeficiente intelectual o IQ... por esa razón si queremos ser exitosos en cualquier aérea y cualquier estado de desarrollo es importante que nos concentremos en elevar dicha inteligencia emocional...pero ¿Que nos lleva a todo esto?

¿Te has preguntado por qué somos tan impulsivos? Reaccionamos muchas veces un poco fuera de lo común...

Bien.... Antiguamente cuando la supervivencia física, lo era todo, la estructura del cerebro creció con el modo de actuar antes que pensar, ejemplo de esto....

Una pelea con otra tribu o cuando se enfrentaba con un animal hambriento…. Pero hoy día en pleno siglo XXI, seguimos con esa misma estructura salvo…. Donde sufrimos secuestros emocionales ¿Pero porque secuestros emocionales?

Estos secuestros emocionales nos llevan a perder el control de nuestra mente racional y nos volvemos esclavos de nuestras emociones y pensamientos que distorsionan nuestra realidad humana; cabe destacar que sin notar muchas veces convertimos hábitos negativos a nuestra conciencia y actuamos de manera acelerada y con poca seguridad de lo que hacemos.

Esto aplica…

Que realizamos actos sin sentido…

Ejemplo importante…

Gritar como loco a tu familia o tu hijo por un accidente que cometió… de pronto tomar el vaso y por accidente el vaso se cae y se parte.

Ya es tiempo de que nos eduquemos emocionalmente y nuestras mentes sean equilibradas por nuestro propio estado de conciencia…

Civilizar nuestro cerebro y que lo acostumbremos a pensar antes de actuar…. No obstante la inteligencia emocional se desarrolla de dos maneras distintas la primera es estar consciente de tus propias emociones, organizar pensamientos y ser observador de la misma manera que cuando ibas al colegio por primera vez identificando tu espacio en la escuela, tu profesor y tus compañeros…

Es tiempo ahora de volverte un explorador de tus emociones y reorganizar tus pensamientos e identificarlas cuando aparezcan….

Te dirás.

¡Oh mira siento mi enojo!

¡Tengo frustración!

¡Ahí está la alegría y entusiasmo!

Por más sencillo que suene esto…

Es fundamental reconocer y etiquetar tus sentimientos y emociones de manera que te permita desarrollar tu inteligencia emocional y por consiguiente todos tus pensamientos antes de actuar algún evento.

Equilibrando tus propias emociones te hará sentir un sentimiento o una emoción…

¡Tú decides!

¡Vamos… Considera esto valioso ejercicio para apoyarte en ti y en tu vida social!

¿Cómo vas a responder en los siguientes minutos de tu vida?

Tienes la capacidad de ordenarle a tu mente emocional que se haga a un lado una orden positiva y que la mente lógica le tome el control de tu estado emocional. Es fácil…. Prepara y educa tu mente…

Para darte un ejemplo….

Imagina que estás manejando en la ciudad, y bien un coche se atraviesa como muchas veces suele pasar… de manera muy imprudente enfrente de ti ahora bien…

Nuestra primera reacción es impulsar palabras negativas llevas de ira…. Contra el conductor y gritarle toda clase de insultos y muchas veces olvidamos que también vamos con nuestros seres queridos.

El miedo desencadena en una lluvia de emociones negativas…. Enojo, frustración e ira, pero recuerda que somos creadores de nuestras emociones…

Rectifica y piensa en todo lo que has aprendido hoy con mi libro…

Primero…tienes que reconocer las emociones que estás sintiendo luego… etiquetarlas para darte cuenta que tú tienes la capacidad de tomar control sobre tus emociones.

¡Respira lentamente!

1, 2, 3, 4, 5, 6, 7, 8, 9… Y deja que tu cuerpo estabilice la presión arterial…

¡Repite tantas veces te sientas más tranquilo! Durante este proceso tu mente racional retomará el centro de control y equilibrio de tu cuerpo y reaccionarás de una manera mucho más lógica y prudente…

¡Evita perder el control!

Identifica tus propias emociones y regula esos estados cambiantes, recuerda que atraerás habilidades que dependen de una buena comunicación entre tu mente racional y tu mente emocional…

Es fundamental establecer las fortalezas de la relación entre ambas partes de tu cerebro…

Entre mejor y equilibrado te encuentres con esa comunicación interpersonal, mejoras tus decisiones que podrás tomar en tu vida diaria.

Practica esos principios y muy pronto comenzarás a notar un cambio radical…

Por otra parte… una mayor inteligencia emocional, también equivale a mejores habilidades sociales al reconocer tus propias emociones podrás generar empatía con tu familia e hijos y en caso de ser educador con tus alumnos…

Y si reconoce también empatía de equilibrar muy

bien esas emociones…. Completaras la autoestima propia y la de tu entorno porque tendrás la capacidad de apreciar e intuir lo que otras personas está pensando y sintiendo…

Ese desarrollo emocional que ahora te comprometes a transformar en ti…. Te convertirá en un detector de sentimientos no solo en ti sino también en otras personas lo que te permitirá entenderlas mejor y establecer relaciones mucho más sólidas…

Esto significa una mejor relación con tu familia con tus niños y todo entorno social…

Trabajando con tus emociones y teniendo pensamientos positivos….

¿Fortaleciendo tus sentimientos, notarás que hay otra habilidad muy importante…pero que habilidad tendremos?

Estarás desarrollando la persistencia y la automotivación y la autoconfianza una lección muy importante que nos ofrece este libro…

CAPÍTULO VI

"TRANSFORMANDO VIDAS"

LA GRATITUD.

El poder transformador de la gratitud.

Ley universal que gobierna y rige la formación de nuestras vidas y esto actúa a través de nuestros pensamientos y sentimientos...

¿Has escuchado el refrán o el lema, "Cosechas lo que Siembras"?

¡Se dice que cada uno recoge lo que siembra!

Si se siembra trabajo se recogen éxitos...

Si sembramos amor recogemos felicidad... si sembramos gratitud y lo hacemos como hábito recogemos gran entusiasmo y plenitud.

En nuestras vidas y en particular esta frase de lo que sembramos recogemos, la he escuchado durante años y desde que tengo mis sentidos y uso de razón, realmente desde que practico la gratitud jamás lo había sentido tan real... hoy por hoy puedo decir que para mí es otra ley y la llamaría "La ley de la siembra y cosecha".

El que le suple semilla al que siembra también le suplirá pan para que coma, aumentará los cultivos y hará que ustedes produzcan una abundante cosecha de

Justicia".2 Corintios 9:10

"No nos cansemos de hacer el bien, porque a su debido tiempo cosecharemos si no nos damos por vencidos "Gálatas 6:9"

Me encantan estos versículos bíblicos.

¿Qué te apasionan de estos mensajes? ¿Que puedes reflexionar en ellos?

Te invito a disfrutar lo mágico que hay en estos dos versículos ya hemos visto y analizado existen diferentes tipos de leyes establecidas por el hombre como leyes espirituales y se aplican a todas las ideas de vida todo lo que hacemos todo lo que decimos y nuestras actitudes y aptitudes son una siembra y el resultado de la siembra es la cosecha esto quiere decir nuestros resultados será la satisfacción de vivir en plenitud transformando al niño en un adulto pleno.

"La búsqueda de la verdad y la belleza es una actividad que nos permite seguir siendo niños toda la vida" Albert Einstein.

Todos los días de nuestras vidas debemos estar en esa búsqueda de la verdad.... de los sentimientos puros de las emociones y pensamientos maravillosos que todo niño en su inocencia tiene.

La magia que interioriza todo niño es tan brillante

que cada uno pueda ser un mundo transformador al llegar adulto, capaz de desarrollar todas las destrezas toda habilidad todo Ser Supremo e inteligente que marcará su propio destino.

EL MARAVILLOSO ARTE DE NUESTRAS VIDAS...

Hay tantos poderes maravillosos en la vida que sostienen nuestra dinámica mental y espiritual, valorando cada día lo que tenemos...

Cuentos maestros.

En busca de la felicidad.

"Un anciano vivía en el pueblo... pero todo el pueblo estaba cansado de él siempre estaba triste y se mantenía de mal humor, cuando más vivía más vil se volvía y más venenosas eran sus palabras y comentarios.

La gente hizo todo lo posible para evitarlo... con el paso del tiempo porque su especie de malestar era contagioso creaba la sensación de infelicidad en los demás... pero un día, cuando cumplió 80 años. ¡Sucedió algo increíble!, ¡Instantáneamente todos comenzaron a escuchar el rumor en el pueblo... el viejo estaba feliz!

Hoy no se ha quejado de nada sonríe e incluso su rostro se ve más apacible e iluminado. Sorprendidos y curiosos todos en la aldea se reunieron alrededor del hombre y le preguntaron...

¿Qué es lo que te ha pasado?

El viejo se tomó unos minutos y respondió...

¡Nada especial durante 80 años he estado persiguiendo la felicidad y fue inútil... hasta que un día decidí dejar de buscarlas y simplemente forzarme en disfrutar la vida! y así es como la he alcanzado la tranquilidad y la felicidad...

Los sentimientos de seguridad autocontrol, autoconfianza y protección de los niños provienen, en las interacciones que nosotros como padres/ docentes/ profesores/ guías/ educadores.

Por consiguiente...

Unidos a los gestos, el lenguaje en otros como herencia genética tenga esa relación reflejada, en todo el entorno durante su desarrollo de vida...

No obstante, y cabe destacar que cada niño son verdaderas esponjas, que absorben todo lo que se les enseña... ¡Aprende todo! Tanto lo que pueda ocasionar obstáculos en sus vidas como sobre lo maravilloso que hay en el mundo.

¡Por eso nuestra valiosa labor, es mostrarle la magia de los valores! del amor! ¡De las fortalezas! es una habilidad que tienen implantadas de forma innata desde el nacimiento! por eso es que, aunque no lo quieras... nuestros hijos se convierten en nuestro reflejo de nuestra crianza, de nosotros depende mucho de esa fortaleza de cada niño.

A través del tiempo he aprendido a utilizar las mejores palabras... ser asertiva, saber con prudencia decir las palabras y transmitir el mensaje...

Buscar soluciones, ser positiva y aceptar lo que soy...

Siempre es importante saber ser positivos expresar lo que sentimos de manera equilibrada....

Disfrutar nuestras diferencias personales ser todo los constructivos sin ignorar el hecho de que somos responsables de escogerlas mejores soluciones y palabras en el momento adecuado para hacerlo y así ser creadores de un ambiente cálido y armonioso, viviendo en plenitud del contexto que se encuentre...

¡Si por ejemplo...te encuentras en el contexto educativo!

Tu docente/guía/profesor/educador...

¿Cómo puedo generar nuevas estrategias de armonía en mi clase de estudio?

¿Como puedo implementar una conversación afectuosa cada día en el aula o salón de estudio?

¿Cómo puedo generar en mis alumnos que aumenten su índice académico para que logren todos sus objetivos?

¿Como puedo ser más asertivo con cada uno de mis alumnos de manera que todos en general se sientan felices cada día y de todo lo que compartimos generando todas las soluciones que se presenten?

¿Como puedo hacerles reír más y más a tal punto que sea el mejor momento para ellos y para mí? ¡Momentos de calidad!

¿Como puedo lograr que todos mis alumnos tengan el más alto porcentaje de notas en toda la institución? ¿porque no? ¿En mi estado te imaginas lograr ser reconocido porque has logrado ganar el premio como mejor educador?

Lo importante aquí es

Cada día hacer una lista previa…como buscar mejorar las estrategias te aseguro que te facilitará el proceso de enseñanza y aprendizaje con tu grupo… ser lo más asertivo que puedas lograr…

¡Vamos! Haz lo que sea posible para lograrlo y haz este maravilloso método la lista de preguntas donde solo tú con tu asertividad sacarás tu mejor momento y tu más sentimientos y emociones que elevarán a conseguir la respuesta a cada pregunta…

Muchas veces estamos profundamente deseosos de ser felices…

En todas nuestras vidas el sentir paz, el sentir alegría, el sentir gozo, sentir serenidad, sentir ese balance en armonía y bienestar…

Definitivamente somos el pincel de este maravilloso arte de cada uno de nosotros… todo ocurre cuando de una manera consciente descubrimos esa sensación de plenitud y todos tenemos que pasar por experiencias…

¿Pero porque vivir las experiencias y muchas veces nos complicamos?

El gran camino de la vida que nos permite conocernos y descubrir cosas nuevas potenciar… es aquí donde tomamos las experiencias positivas y la no positivas sacar siempre lo mejor que trae estas experiencias para ampliar nuestra conciencia desde el amor y para el amor….

¡Nuestras alegrías de vivir!

Como lo recibimos…. Y para esto tomar decisiones y tener cambios de pensamientos inspiradores que nos ayuda a levantarnos y a vivir de la mejor manera….

Las emociones que nos acompaña a lo largo del

camino de vida…

¿Sabes? ¡Te invito un sencillo inventario de todo lo que te rodea!

¡Vamos… Piensa! Has una pausa… Y respira… Y con una sonrisa en tu rostro y en tu alma.

Experimentar todos lo maravilloso que seguramente tienes para vivir en plenitud, compartiendo con todo tu entorno…tu hermosa familia, sanar en grande cada día…sentir esa libertad de ser amorosos con la suave brisa de la mañana….

Un cantar de pájaros… Una buena melodía… Un cálido abrazo de los niños… de nuestros seres amados, hoy más que nunca…

¡Estoy agradecida porque tomé la decisión de escribir este libro! porque en él, he dejado plasmado la gran alegría de experimentar la magia de compartir…

¡Primero mis conocimientos que durante años venía en mi mente!

Sintiendo ese deseo ardiente de transmitir lo que aquí les dejo…

Convivencias con técnicas, herramientas, decretos… que transforman nuestros pensamientos.

En verdad estoy agradecida que llegue mi libro a

cada uno de ustedes y que experimenten desde su corazón hermoso que tienen para dar... tener esa capacidad y compromiso de dar lo mejor a cada niño/adolescente...

¡Y que desde ese momento maravilloso como lo es la llegada de un niño...ya desde su nacimiento! Los niños necesitan de relaciones sólidas y experiencias que les demuestren que son parte valiosos de la humanidad... y que pueden generar satisfacción a todo su entorno, los abrazos la comunicación positiva y la forma de actuar de los adultos, padres, familias contexto educativo y social a los pequeños serán claves para ayudar a valorar su crecimiento cognitivo y su desarrollo emocional durante su desarrollo para crecer seguros de sí mismo...

"la educación de un niño comienza veinte años antes de su nacimiento, con la educación, con la educación de sus padres".

Napoleón Bonaparte.

¡HAKUNA MATATA!

¿Te suena esta frase?

Pues bien... en estos momentos te la coloco aquí, pero en lo que puedas ve a tu ordenador o tu teléfono y en YouTube encuentra esta maravilla letra en sintonía de la magia infantil y es así como debemos ser portadores de alegría para tus alumnos niños/adolescentes.

¡HAKUNA MATATA!

VIVE Y DEJA VIVIR… VIVE Y SE FELIZ…. NINGÚN PROBLEMA DEBE HACERTE SUFRIR… LO MAS FACIL ES DECIR ¡HAKUNA MATATA!

QUE BONITO ES VIVIR… HAKUNA MATATA VIVE Y SE FELIZ… NINGUN PROBLEMA DEBE HACERRE SUFRIR LO MAS FÁCIL ES SABER DECIR ¡HAKUNA MATATA!

FILOSOFÍA DE VIDA...

Ahora bien, tu profesor/guía/ educador/docente y sobre todo los que tiene la valiosa labor de formar de enseñar a niños/adolescentes, les invito a que experimenten la magia de transmitir con tu propia creatividad y asertividad una fabulosa y contagiosa experiencia con esta canción animada del REY LEÓN…. Haz que tus niños/ adolescentes se conviertan en futuros reyes y leonas de la vida… HAKUNA MATATA!

Si por ejemplo…

¿Eres padre de familia?

¿Tener la valiosa labor de ser la figura ejemplar?

Entonces te podrás hacer estas u otras preguntas... la que tú desees, pero aquí dejaré solo algunas de las muchas que podamos hacer...

¿Cómo puedo mejorar una estrategia que me permita estar más tiempo para compartir con mi familia y dedicar tiempo libre para mis hijos?

¿Como puedo generar una conversación que me permita la próxima vez buscar más soluciones que nos gusten a mi familia y a mí?

¿Cómo puedo generar mucha más estrategia para fortalecer las expectativas que cada día deposito en mi familia? ¿Qué puedo mejorar para el fortalecimiento de mi familia?

¡¡¡Estaré atento!!! ¡¡¡¡Para el siguiente fin de semana, podamos disfrutar de unos días de planificación familiar las ideas que todos podamos aportar para tener un encuentro familiar para recordar por siempre... pondré todo lo que este de mi alcance para que sea el mejor de los encuentros familiares...!!!!

Me comprometo y con gran alegría elegir la más armoniosa velada a la hora de cada comida....

¿Cómo puedo motivarlos en los momentos de presencia? esto a lo que llamo momentos de presencia es sin distracción....

¿Pero a que me refiero?

¡Y es reunido disfrutando de la bendición de los alimentos! ¡Es comprometer todos en familia vivir momentos de presencia sin distracciones teléfonos! Tenemos que estar dispuestos en ese momento presente.... ¡Es uno de los momentos más importantes para disfrutar y compartir de la familia!

¡En tus manos está un cambio transformador!

Si el cumpleaños de tu hijo está próximo...

¿Qué te gustaría organizar para tu cumpleaños?

¿Dónde te gustaría pasar tu cumpleaños?

De esta manera se genera sin duda alguna la mayor comunicación familiar

¡Pero espera!

¡Para ti también está esta canción que quiero que busque!

Tal vez ya la has escuchado o será por primera vez...

EN MI CORAZÓN VIVIRÁS...

¡TOMA MI MANO SIENTELA!

YO TE PROTEJO DE CUALQUIER COSA… NO LLORES MAS AQUÍ ESTOY… FUERTE TE VES…

EN MI CORAZÓN TU VIVIRAS DESDE HOY SERA Y PARA SIEMPRE AMOR…

SIEMPRE…

Canción de la película animada TARZAN…

Nos motiva a padres brindarles y transmitir ese amor y fortaleza a nuestros hijos…

Cuando yo la escuché por primera vez en la película no le había buscado el verdadero sentimiento, pero luego que comencé a investigar, estudiar y experimentar la magia de la esencia de lo SOY y como equilibrar mis emociones, ¡surgieron lágrimas en mi rostro!

Y la verdadera alegría de ser madre… sin duda alguna la experiencia y bendición más hermosa que toda madre tiene con la conciencia de transmitir amor a sus hijos.

CAPÍTULO VII

"DECRETOS AFIRMACIONES"

CLAVES PARA EVITAR EL ACOSO ESCOLAR/BUILLYN.

¡Antes de continuar! Debemos tomar conciencia de nuestras creencias y como le hemos dado uso a esas creencias.

Localizar el origen de los sentimientos y pensamientos para la transformación de un adulto pleno, piensa en esto...

"La inspiración te impulsa a tener deseos y esos deseos se convierten en pensamientos y emociones que motivan vibrando en alto"

La gratitud, los decretos, y las afirmaciones son sin duda alguna una de las mejores técnicas y herramientas para todo en el proceso de desarrollo en la vida de todos...

DECRETOS...

1. DECRETOS... PADRES/ FAMILIA: Decreto acepto y recibo la armonía en mi familia, la felicidad conjunta en todas sus manifestaciones positivas, para conectarnos en la plenitud familiar.

Me siento verdaderamente afortunado (A) de la gran familia que tengo,

Gracias, gracias, gracias.

2 DECRETO: Decreto y selecciono todas las palabras y los pensamientos que se manifiestan día a día, para el propósito de vida aquí y ahora, en calma y fe mis anhelos y mis deseos se cumplen uno a uno y mis bendiciones se multiplican en perfecta armonía en mi familia.

Gracias, gracias, gracias.

3. DECRETO: Decreto y me comprometo en vivir en asertividad buscando la mejor solución en mi familia, donde cada uno de los integrantes de mi familia se comprometa de igual forma a un plan de acción positivo, en función de la unidad y el amor.

Gracias, gracias, gracias.

DECRETOS PROFESORES/ GUIAS/EDUCADORES.

Decreto acepto y recibo mi sabiduría y toda mi energía positiva en la enseñanza y educación para el proceso cognitivo del niño/ adolescente, así como el desarrollo en el contexto educativo y social.

Gracias, gracias, gracias.

Decreto acepto y recibo todo el inmenso amor que tengo en mi corazón para dar y transmitir lo mejor de mí en el proceso del desarrollo educativo escolar donde me enfocaré para brindar fortalezas y oportunidades cada día a los niños/ adolescentes.

Gracias, gracias, gracias.

Decreto acepto y me enfoco en diseñar estrategias que brinde la armonía de los niños/ adolescentes comprometiendo cada día a generar un ambiente de armonía junto a las familias y en el contexto educativo.

Gracias, gracias, gracias.

En este párrafo practiquemos la visualización

¿Como es un jardín en primavera?

Piensa por un momento en un jardín o mejor aún en tu jardín de tu casa

¿Qué logras sentir? ¿Qué logras visualizar?

¡Imagina que tienes la oportunidad de cuidar ese jardín y que en tu lugar donde vives... habrá un concurso al mejor jardín!

¡Percibirás un gran premio al futuro ganador!

Piensa que has logrado visualizar hermosas flores... por lo tanto darás todo lo que esté de tu alcance para mantenerlas así de hermosas...

¡Cada día estarás emocionado (a) al verlas así de radiantes con colores espectaculares y esa sensación que produce!

Porque has puesto todo el amor posible en regar cada día agua y mantenerlas en perfecto cuidado. Ahora bien… ¿Qué puedes imaginarte en ver a tus hijos o a tus niños/ adolescentes en tu entorno?

Si has logrado una sensación mágica hermosa al visualizar ese jardín en primavera…. Sentirás esa misma energía al ver a tus hijos que son tu propia creación, incluso a nosotros mismos como niños…y por un instante enfócate en ese amor que puedas darles.

Visualiza esa sonrisa maravillosa que un niño feliz nos regala o entre todas las actividades que los niños van desarrollando durante su crecimiento como cuando asusten en actividades deportivas y van obteniendo su fortaleza y su autoestima.

¡Recuerden! Algún día se harán mayores y se irán de casa.... llevarán todo ese amor que has dejado depositado en ese banco ¿lo recuerdas? ¿La actividad que ya logramos experimentar?

No obstante... otro ejemplo; cuando son estudiantes acabaría su año escolar y recordarán a su docente que le haya sembrado cosas buenas, recuerdos para toda una vida hasta su vejez....

Nuestra misión es darle su importancia y su valor cuidando su corazón, practicando palabras y pensamientos transformadores recuerda

Serán adultos y seremos también futuros abuelos...generaciones que debemos dejar un legado a esto lo llamo mi jardín en primavera lo cual me llevó mi primero... para toda la vida.

¡Mi premio!

¡Tu premio!

Estar felices y agradecidos por el don de la vida y que también has podido enseñar y sentir a tu hijo es sin duda alguna la misión más importante a la que te vas a enfrentar como padre....

¿Quieres darle una buena formación y valores?

¡¡¡¡Pero lo más básico y a nuestro alcance es observar cada día su rostro!!!!Con una sonrisa!!!! ver a tus hijos en felicidad y plenitud y lo logrará a medida en la que se siente protegido y disfrutar cada día de la alegría de la vida, la magia de las emociones saber controlar y tener dominio ante cualquier situación que deba enfrentar, tan igual como tú la puedas sentir.... Logrando así transmitir esa transformación por el don de la vida... estar agradecido(a).

Responde ¿Cuantas veces has dado gracias por el don de la vida de tu hijo? ¿De tu familia? ¿Pero un agradecimiento con esa magia de ver esa familia que tanto habías soñado? ¿Crees que son mucho más faltaría para alcanzar esa familia que siempre soñaste? Has mirado a tu hijo.... a sus ojos y le has transmitido ese agradecimiento por ser parte importante en sus vidas? No hay otro es el....

¿Ser ese ser que siempre lo esperaba con alegría porque sería un ser extraordinario en este mundo maravilloso que tenemos? ¿Lo has hecho profundamente... y a que llamo profundamente?

Desde una consciencia basada de amor... de cambios.... ¿De agradecimientos... muchas veces hacemos gran cantidad de cursos de crecimiento personal de motivación lo cual son importantes sin duda alguna, pero si todo esto que aprendemos también lo aplicaremos en las instrucciones? Motivar aún mucho más a las familias y el contexto escolar para que exista cambios en las emociones y sentimientos de cada niño/adolescente no queda otra que integrarnos todos... una sociedad completa generando nuevas generaciones y verdaderos nuevos paradigmas...

Repite....cada día frases y enséñala a los más pequeños que desde niño experimenten esa magia!!!!

"estoy agradecido(a) por el valioso don de la vida

y porque me permite vivir en plenitud y felicidad..."

No obstante, y es muy importante educar a nuestros hijos en amor y respeto...pero también lo es en disciplina y orden, la constancia de un orden y Constancia en disciplina para el desarrollo del niño es esencial y fundamental para ayudar al niño a sentirse en confianza y seguridad de sí mismo.... de esta manera se le motiva una serie de habilidades más valiosas para su futura vida personal y profesional.

En todo su desarrollo cognitivo educar a nuestros hijos en felicidad y plenitud es la misión más importante a la que nos enfrentamos como padres los valores y formación es básico...pero sin duda alguna una sonrisa en sus rostros día a día hará tener una infancia feliz dado que como padres o docentes podemos siempre dar lo mejor de nosotros para la transformación de sus vidas.

¡¡¡Hagamos este ejercicio!!!

¿Tal vez tu sueño de niño en tu infancia era ser el mejor futbolista? ¿O una gran modelo o ser pintor? ¿O ser doctora? Algunos cumplieron sus sueños otros no alcanzaron a cumplir sus sueños, pero lograron extraordinarios cambios en sus vidas que marcaron la gran diferencia...

Pero bien.... y debido a estas interrogantes cada uno con du sueño cumplido....

¿Te has preguntado cual sería el gran sueño de tu hijo?

¿Has practicado realmente cómo se puede destacar tu hijo en lo que desea ser en la vida?

En todo caso nuestros pequeños tienen sus propios anhelos y necesidades.... no obstante mantener una comunicación y ayudarles a materializar sus sueños de manera positiva harán de ellos que su motivación lo disfruten al máximo y ser autores y constructores de sus sueños...

En este ejercicio haz un recuerdo de introspección y que el pasado llegue a tu presente.... qué sentías cuando pensabas en tu gran sueño de lo que quieras lograr?

¿Que te motivaba a querer alcanzar ese gran sueño?

¿Qué te hacía más feliz sentir que lo alcanzaría?

Probablemente encuentres mucho de ti en él…. Y esto ayudará a estimular y entender mejor el proceso de desarrollo cognitivo, social y espiritual del niño/adolescente.

Continuamos...

¿Qué juegos te gustaban? ¿Como te sentías con tus juegos favoritos?

¿Qué comidas eran tus favoritas? ¿Y tu comida especial que tus padres te complacían?

Seguramente encontrarás muchas respuestas en estos ejercicios…. sin embargo, puedes ahora mismo visualizar todas las cosas maravillosas que sucedieron en tu vida, en tu infancia para apoyarte de esos recuerdos y fomentar aún más la comunicación afectiva con los niños/ adolescentes.

AFIRMACIONES QUE TRNSFORMA PENSAMIENTOS…

AFIRMACIONES: Amo, rio vivo y disfruto la familia que tengo.

En mi mente tengo la gran dicha y la alegría de ser una persona afortunado(a) de transmitir y dar todo mi amor para el crecimiento y desarrollo de los niños/adolescentes.

Disfruto al máximo cada instante que observo la sonrisa del niño/adolescente.

Todos los días me siento feliz de lo que soy porque ayudo en el proceso de fortaleza del niño/ adolescente.

Acepto el desafío de cada día mejorar para ayudar a mi familia y me comprometo a aprender cosas nuevas para estimular y motivar a los niños/ adolescentes.

Amo lo que soy y mi esfuerzo para que existan cambios en mi entorno.

Mi familia se basa en principios de amor afecto y valores.

Todos los días busco vivir nuevas y mejores conocimientos para el desarrollo y proceso positivo con los niños/ adolescentes.

Solo tengo pensamientos y sentimientos saludables de esta manera cada uno damos lo mejor de nosotros...

Tu cerebro es una red de información que siempre envía y recibe pensamientos, e instrucciones a la velocidad del rayo....

Cuando experimentamos vivir la experiencia de una afirmación o de un decreto impulsará a mantener el cerebro activo en acción, conscientes con el pensamiento....

Por ejemplo.......podamos educar y saber pensar nuestras emociones.

¡Analicemos!

"Voy a compartir una linda película con mi familia este fin de semana estaré feliz reír y disfrutar todos en familia"

Ya tu cerebro automáticamente relaciona ese sentimiento, ese deseo que le estás informando y comienza a procesar esa frase o esa oración....

¿Pero qué frase? ¿Qué oración?

El de "compartir" y película (acción) para hacer de ella un día asombroso y lleno de magia...

¿Lo pueden comprender? La importancia previamente de organizar los pensamientos para estimular y fomentar un proceso que permite una mejor comunicación con tu familia...

O si por el contrario.... Tú como profesor/educador/guía/maestro.... le compartes a tu cerebro una información para generar estrategias en la nueva semana que inicia como por ejemplo......

"voy a organizar un debate que le permita a mis alumnos aprender mejor y más fácil el tema que hemos iniciado para que se estimulen y se integren todos en el aula facilitando su rendimiento lo notas....

Aquí fija du atención en " organizar y rendimiento" (acción).

Observas como una afirmación positiva y en tiempo presente organiza el pensamiento la disciplina y sin duda alguna se genera un gran sentimiento y emoción porque sabrá que tu cerebro recibirá una acción "piloto automático"... filtrando una información antes de realizarla es un proceso verdaderamente eficaz, útil y motivador para fortalecer todo el contexto donde te encuentres.

¡Tu cerebro! Fortalece las conexiones que facilitan ese proceso.

Cada vez que piensa, sientes y hace las afirmaciones, los decretos y una mente agradecida. Tu cerebro. ¡Reacciona, como estímulo para mejorar y entender esas señales!

¡Constantemente anímate a practicar cada decreto! ¡Cada afirmación y sobre todo práctica el agradecimiento y se parte de lis cambios!

¿Pero cambios a que o a quienes?

¡Transfórmate! ¡SE luz!

¡Un verdadero guía!

Transforma a tu entorno, a tu familia.

Transforma a tus alumnos.

Te dejo esta pregunta y que siempre la lleves en tu corazón guardada.

¿Te gustaría ser recordado como un gran profesor? Como un ser de mucha luz y alegría, ser recordado con mucho agradecimiento para ti. ¿Sentir muchos agradecimientos por parte de los alumnos?

¡Te imaginas! ¿Cuántos alumnos pueden pasar por tu larga vida de docente?

¡Ahora imagina que en todos los años has dejado una huella imborrable en cada corazón de un niño! Wao ¡Siente esa emoción!

¿Impresionante la cantidad de buena vibra que puede ser transmitida de tal forma que se pueda lograr un cambio en nuestros hijos y el entorno familiar?

¿Al practicar todas estas enseñanzas?

Seguramente muchas prácticas ya lo tenías en completo conocimiento, pero siempre es importante reforzar cualquier método, ¡cualquier estudio e investigación que aporte cambios en función de transformación personal!

¡Recuerda! Que todo lo que almacenamos en nuestro cerebro y que, de manera asertiva, o no tan favorable condicionan nuestras emociones y cuestionamos nuestros pensamientos...no obstante toda esta disciplina y autoayuda permiten mejorar y equilibrar las relaciones del contexto según tú caso y ser consciente que el cambio está en nosotros.

CLAVES PARA EVITAR EL ACASO ESCOLAR...

Antes de mencionar algunos de los posibles claves para evitar el acoso escolar/bullying... es fundamental iniciar experimentando nuestro interior profundizando un autoanálisis y hacer un profundo ejercicio de reflexión!

¡Practica constantemente!

Pensamientos que nos ayude a comprender lo que sucede alrededor el lenguaje de las palabras (lenguaje comunicativo) y sobre todo ser observador del desarrollo cognitivo del niño/ adolescente.

La detección e identificación lo más temprano posible es fundamental para evitar que el acoso escolar/ bullying, tenga consecuencias irreversibles o en todo caso más profundas en las víctimas y puedan verse afectada las familias y un contexto general y educativo.

No obstante.

¡Ahora bien!

Profundicemos cada clave, cada aprendizaje, cada enseñanza y palabra que se pueda transmitir y así en conjunto de apoyo de autoayudas....

En una oportunidad leía.

¡Lo profundicé tan gran magnitud que comencé a visualizar a una sociedad cambiante!

Decía....

"no hay niños difíciles... lo difícil es ser niño en un mundo de mente cansada y ocupada.... sin paciencia y con prisa.

No obstante.

La vida hoy día tiene un ritmo distinto a como seguramente nos tocó vivir, cada uno de nosotros.

Hoy por hoy.

Los padres trabajan mientras que los niños se la pasan en actividades que van más allá de lo permitido, extraescolares y curriculares.

Estamos en Prisa agotados la mayor parte del tiempo entre la casa el trabajo el tráfico y la inestabilidad social, crisis económica.

¿Cuánta prisa llevamos hasta el final del día? para esto necesitamos estar abiertos a una mente tranquila, en paz y amor, equilibrada, feliz, agradeciendo cada instante por los inmensos regalos de la vida.

Por pertenecer al triunfo de los niños/ adolescentes estar conscientes como padres/ educadores/ guías /profesores.... que primero somos los portadores de esa seguridad, fortaleza, empatía y todos los valores para sin duda alguna tener resultados maravillosos y niños plenos y felices.

¡No obstante! Todos pasamos por momentos no tan buenos o positivos. y es algo que ni siquiera los padres/ profesores guiados docentes /maestros/ directivos.... podemos evitarles a los niños/ adolescentes porque esas vivencias, también se aceptan para saber equilibrar las emociones y tener autocontrol en el desarrollo social y cognitivo, sin embargo...

MEDITA Y REFLEXIONA...

EL PODER DE DAR....

"Si quieres algo, primero tienes que dar"...me encanta esta frase, ¿A qué te suena o te hace reflexionar esta frase? Funciona con todos los ámbitos de nuestras vidas....

Funciona con el amor, con las sonrisas damos y recibimos.... con una buena amistad.... con el amor de nuestras vidas y el amor de la familia…. y sobre todo con el amor en que se trabaja en cualquier parte y en cualquier ámbito laboral.

Así mismo con el dinero…. en muchas oportunidades las personas les ha costado dar lo mejor que tenemos en nuestras vidas.

Para esto doy este ejemplo: si te encuentras en un trabajo que no te agrada, y en su mayoría en tofo caso uno de 10 perdonas se encuentra en no querer dar lo mejor de sí mismo... ¿Qué crees que sucedería?

Trayendo de lo mismo de lo mismo seguramente. Esto se aplica donde esos sentimientos de apatía seguramente, seguiría atrayendo espacios de apatía. O por el contrario tener frustraciones o alguna otra decepción lo cual sin duda alguna le cuesta atraer a su vida un ambiente armonioso y cálido.

Todos queremos sin duda algunas familias super exitosas. Familias unidas. Todos queremos hijos maravillosos. Todos queremos que nuestros hijos lleguen muy lejos, ahora bien, ¿qué estás dispuesto a dar para que tu hijo llegue al éxito? ¿de qué manera? ¿qué herramienta puedes dar para que tu hijo logre llegar hasta el final?

¿Siendo un niño pleno y feliz estarás dispuesto a dar primero tu amor tu disciplina tu perseverancia o mejor aún tu ejemplo?

Medito y reflexiona.... todo en la vida se requiere de esfuerzo y dedicación...quiero compartir contigo algunas herramientas adicionales y puntuales, finales contigo...

Mi apreciado lector escribí este libro

principalmente porque quiero dejar un cambio en el desarrollo y crecimiento de todo niño, transformando al niño y lograr cambios dentro de las instituciones educativas dejando un legado... con un propósito y así mismo profundizar orígenes emocionales de todo padre y educador.

Gracias por leer este libro, espero llegar al corazón de cada uno de ustedes. Brindar algunas reflexiones sobre el poder que tienen las palabras, el impacto que realmente le hemos dado al acoso escolar/ bullying sobre los niños/ adolescente.

Bien, retomemos, la frase "si quieres algo primero tienes que dar". ¡Tomemos acción! Se tú el primero en aprender, antes de que tus hijos o tus alumnos sean como tú quieres que logren ser.

Se primero el mejor. Da el primer paso.

Me refiero a que antes tu da todo el interés de que tu hijo o tu alumno esté feliz. Que tenga una sonrisa. Se tu el primero en aprender todas las estrategias que este de tu alcance para lograr niños felices. Pueden existir médicos, abogados, ingenieros, arquitectos, educadores, especialistas en numerosas carreras, pero primero aprende a como ser verdaderamente felices, a despertar y tener la mejor actitud y aptitudes para perseverar día a día.

Deja de hacer lo que agota y resta en la vida... en

otras palabras, tomate un descanso y evalúa los eventos o situaciones convenientes para contribuir a tu desarrollo personal y como aportar alegría al niño. "Deja de hacer lo que no te funciona y busca algo nuevo".

Busca ideas nuevas, estrategias nuevas en función de la paz y la armonía, esta idea es primordial para alimentar el alma. Estar en constante cambio nos hace atraer momentos inolvidables en la formación del niño/ adolescente.

Piensa en grande... ten el propósito de vida de ser la mejor persona. Ser el mejor padre/ madre/ educador... ten esa filosofía de vida siempre.

Piensa en grande y proponte metas alcanzables para ser el mejor ser humano. Es por ello cada día hazte un autoanalice.... cómo puedo lograr mis metas y estar pleno con lo que soy y mis compromisos.

Aprende cada día también de la enseñanza que deja cada niño/ adolescente.

Cada niño tiene su esencia. Su magia. Y su necesidad propia de triunfar y d ser amados.

Esto requiere dedicación, compromiso, lealtad, Unión, aprender de cada niño es fundamental.

Conocerlos por ello nutrir la mente de lis niños. De ideas positivas, ¿Té suele pasar que muchas veces nosotros como adultos nos criticamos y juzgamos constantemente?

Para esto debemos evaluar cada día nuestros propios pensamientos donde se requiera un compromiso de cambios, partiendo de allí debemos tener un compromiso para ayudar a los niños a crecer con un diálogo interno saludable, que los guíe a confiar en sí mismo...al mismo tiempo inculcarles el valor de hablar a los demás con respeto y de cuidar las palabras que a diario tienen con otros compañeros... enseña a los niños la empatía. Y que sean capaces de ponerse en el lugar del demás pon ejemplos donde puedan pensar y llevarlos a la imaginación en las consecuencias que pueden traer sus palabras.

Estos son algunos de las herramientas para meditar y reflexionar. Como siempre lo he dicho durante el desarrollo del libro.

No existen niños difíciles ni niños bajos en sentimientos y emociones, sino que estamos ante una sociedad cambiante y los más afectados son nuestros niños, así que podemos cambiar viejas creencias y patrones, la decisión es única tuya... actúa ya que aún nos queda mucho por descubrir la magia del poder de las palabras.

Si crees totalmente en ti mismo no habrá nada que esté fuera de tus posibilidades somos aquellos en lo que creemos. (Wayne Woyer).

ACERCA DE LA AUTORA

Licenciada en Educación mención Ciencias Sociales de la Universidad Católica del Táchira.

Colaboradora de diferentes fundaciones de ayuda con pacientes con cáncer y niños más necesitados, miembro de organizaciones como **CARITAS VENEZUELA** (organización de promoción y asistencia de la Iglesia Católica que fomenta la caridad y está al servicio de los más pobres y sus comunidades cristianas)

Mariela Lindarte es una mujer visionaria que desde su primer contacto con los más necesitados despertó el interés para mantener de manera voluntaria sin fines de lucro la ayuda a la humanidad, tanto a los de la tercera edad como en niños.

Mariela se ha conocido por sus diferentes apoyos en diversas fundaciones que han contribuido a ir a diferentes sectores de comunidades en apoyo, con alimentos y soportes médicos.

Gracias a los diferentes organismos que han prestado sus

servicios y colaboración para hacer cumplir sueños y alegrías a familias y niños Mariela así mismo se motiva y se apasiona por aprender cada día para concientizar a otros sobre el amor y la importancia que se tienen todos para vivir en plenitud y familias sólidas, expresando a los que han tenido la oportunidad de conocerla "damos lo que somos" afirmando que cada quien da lo que realmente tiene en su alma. P

Ha participado en diferentes mensajes en la formación de comunidades. No obstante, generando apoyo incondicional a todo aquel que lo necesite, además de ser una mujer entregada a su familia y a su carisma, en función de la ayuda al prójimo. También se destaca por su amor a todo niño carente de situaciones, limitaciones de la sociedad como también una mujer perseverante contribuyendo en consejos, herramientas a muchas mujeres para elevar su autoestima.

AGRADECIMIENTO

¿Como agradecer cuando hay tantas personas a las que se les debe algo tan valioso para llegar a ustedes? ¿Agradecer tanta inspiración y alegría dentro de mi alma para dejar tan solo unas líneas significativas para ustedes?

Con gran entusiasmo, este libro es una muestra de agradecimiento a mis hijos... la Doctora Fanny Daniela Montiel una extraordinaria mujer, a mi hijo Jesús mi gran campeón y mi príncipe Santiago de Jesús mi gran compañero de mi travesía... quienes fueron mi inspiración y mis padres modelos a seguir, mi madre quien me enseñó sobre el amor y la ternura de la vida.

A tantos niños, y amigos que se involucraron en el acompañamiento para que este libro se convirtiera una realidad.

"*Dentro de cada niño vive un genio, ayúdale a descubrirlo y tendrás una sociedad mejor*"

Mariela Lindarte.

Made in the USA
Columbia, SC
30 July 2024

39255045R00085